Das Portemonnaie

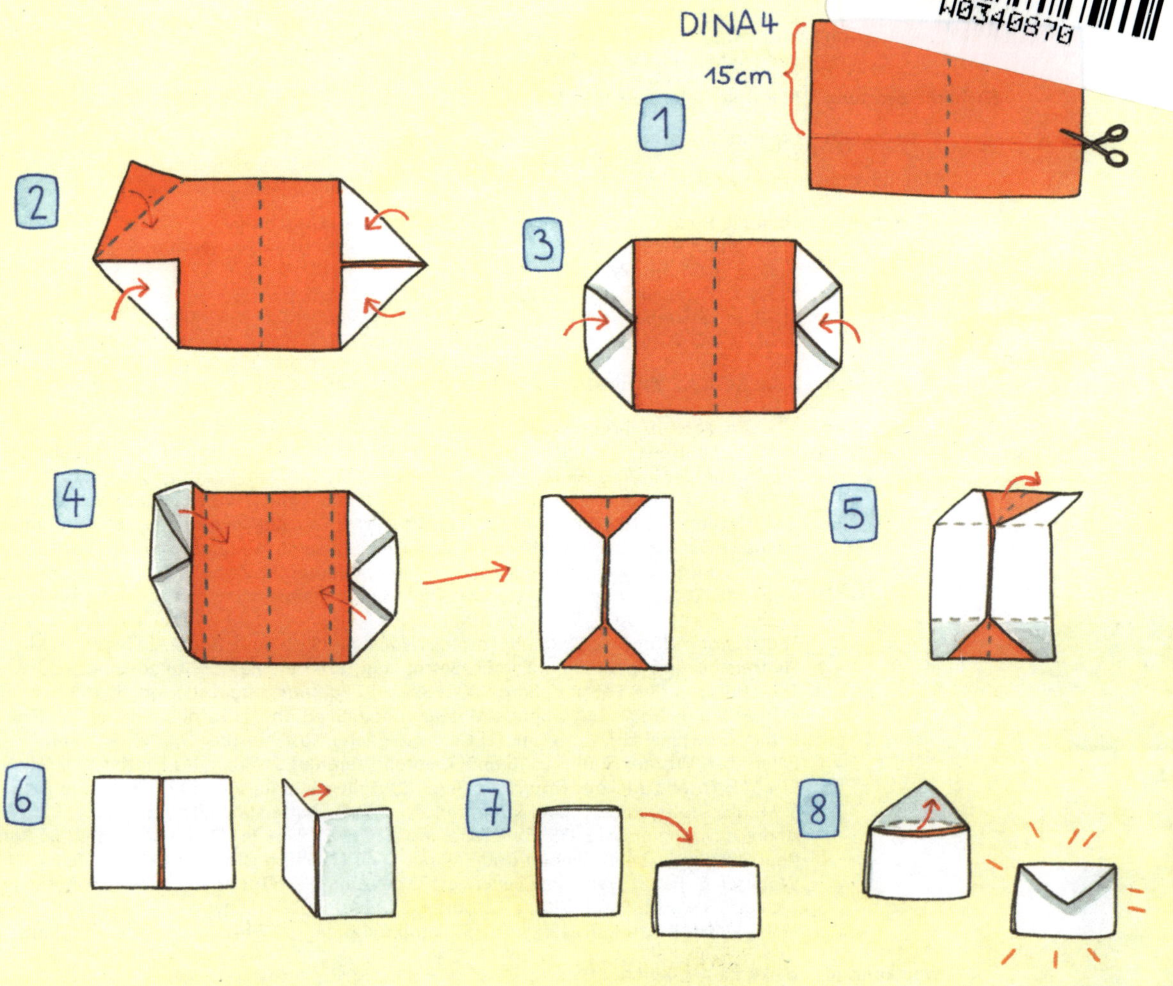

Die Bügelfahne

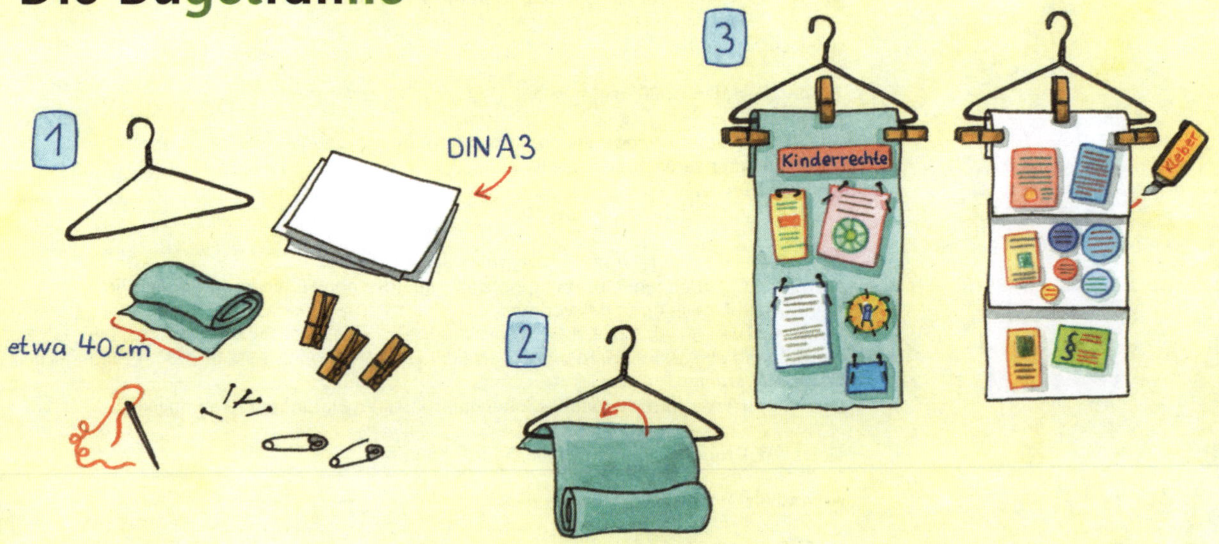

Jo-Jo

Sachunterricht 4

Erarbeitet von: Katja Kramer, Dunja Osiander-Hein und der Redaktion Grundschule und Lukas Pauli (Methodenheft)

Fachliche Beratung: Franziska Kolb, Sabine Peters

Redaktion: Claudia Rosenthal

Bildredaktion: Franziska Becker

Illustrationen: Gabriele Heinisch: Kapitelvignetten; Barbara Jung: Umschlag, S. 8; Sandra Reckers: U2, S. 1, S. 4/5, Methodenheft; Franka Rosenthal: S. 10 (2), S. 13 (1), S. 27, S. 40, S. 48 (2); Sabine Rothmund: S. 9, S. 10 (1), S. 11, S. 12, S. 14, S. 23, S. 29, S. 32, S. 34, S. 35, S. 36, S. 37, S. 38, S. 48 (1), S. 51, S. 57 (2), S. 60; Imke Sönnichsen: Hundevignetten; Hans Wunderlich: S. 13 (2), S. 15, S. 20, S. 21, S. 22, S. 24, S. 25, S. 26, S. 41, S. 42, S. 49, S. 52/53, S. 56, S. 57 (1), S. 58, S. 59, S. 61 - 70

Karten: Peter Kast, Ingenieurbüro für Kartographie, Wismar

Bildquellen: S. 12 un. Fotolia/photophonie; S. 15 (1) Fotolia/M. Schuppich; S. 15 (2) Fotolia/M. Schuppich; S. 15 (3) Shutterstock/Martin Fowler; S. 15 (4) Fotolia/motivjaegerin1; S. 16 (1) Shutterstock/Christopher P McLeod; S. 16 (2) Fotolia/iredding01; S. 17 ob. Shutterstock/Kristof Dios; S. 18 (1) Shutterstock/hanec015; S. 18 (2) Shutterstock/nik sriwattanakul; S. 18 (3) Shutterstock/g-stockstudio; S. 19 (1) Heritage-Images/The Print Collector/akg-images; S. 19 (2) mauritius images/ROSENFELD; S. 22 ob. Fotolia/ marcelheinzmann; S. 23 ob. Shutterstock/racorn; S. 28 ob. ullstein bild; S. 30 li. Stephan Rumpf/Süddeutsche Zeitung Photo; S. 30 re. Shutterstock/stocker1970; S. 31 ob. imago stock&people/Manja Elsässer; S. 32 Mi. imago stock&people; S. 33 (1) Getty Images; S. 33 (2) Fotolia/Iakov Filimonov; S. 33 (3) ddp images; S. 33 (4) Shutterstock/altanaka; S. 38 ob. Fotolia/ WoGi; S. 39 ob. re. Fotolia/Alekss; S. 39 Mi. Shutterstock/irin-k; S. 40 un. Fotolia/Bettapoggi; S. 41 un. Fotolia/tukda; S. 42 (1) Fotolia/ThomBal; S. 42 (2) Fotolia/photo 5000; S. 42 (3) Fotolia/tornadosdesign; S. 44 ob. mauritius images/imageBroker/action press/Markus Lange; S. 46 ob. (1) Fotolia/ yanlev; S. 46 ob. (2) Fotolia/Rawpixel Ltd.; S. 46 un. (1) Cornelsen/Peter Kast, Wismar (Karte); S. 46 un. (2) Cornelsen/Peter Kast, Wismar (Plan); S. 46 un. (3) Fotolia/sergign; S. 46 un. (4) Shutterstock/ThamKC; S. 47 (1) Fotolia/Alexander Rochau; S. 47 (2) Deutsche Bahn AG; S. 47 (3) Lufthansa Bildarchiv; S. 48 Mi. Shutterstock/Gilang Prihardono; S. 52 (1) Shutterstock/Stephanie Frey; S. 52 (2) Fotolia/Andreas Doppelmayr; S. 53 (3) Fotolia/ TAGSTOCK2; S. 53 (4) Shutterstock/Samuel Borges Photography; S. 54 ob. imago/Rolf Zöllner; S. 64 (1) Shutterstock/RCI.STOCK; S. 64 (2) Fotolia/Wolfilser; S. 64 (3) Freiwillige Feuerwehr Ottobrunn e.V., Ottobrunn; S. 83 (1) Shutterstock/Kichigin; S. 83 (2) Fotolia/Kalle Kolodziej; S. 83 (3) Fotolia/Dmytro Gilitukha; S. 87 (1) Fotolia/reeel; S. 87 (2) Fotolia/reeel; S. 87 (3) Fotolia/klesign; S. 87 (4) Fotolia/KeepCoolBaby

Layoutkonzept: Heike Börner, Berlin

Technische Umsetzung: Jutta Stindtmann, beluga-grafikbüro gbr, Berlin

Soweit in diesem Lehrwerk Personen fotografisch abgebildet sind und ihnen von der Redaktion fiktive Namen, Berufe, Dialoge und Ähnliches zugeordnet oder diese Personen in bestimmte Kontexte gesetzt werden, dienen diese Zuordnungen und Darstellungen ausschließlich der Veranschaulichung und dem besseren Verständnis des Inhalts.

Dieses Werk enthält Vorschläge und Anleitungen für Untersuchungen und Experimente. Vor jedem Experiment sind mögliche Gefahrenquellen zu besprechen. Beim Experimentieren sind die Richtlinien zur Sicherheit im Unterricht einzuhalten.

www.cornelsen.de

1. Auflage, 1. Druck 2018

Alle Drucke dieser Auflage sind inhaltlich unverändert und können im Unterricht nebeneinander verwendet werden.

Druck: AZ Druck und Datentechnik GmbH, Kempten

Arbeitsheft: ISBN 978-3-06-081426-8

Jo-Jo

Sachunterricht 4

Arbeitsheft

Erarbeitet von
Katja Kramer
Dunja Osiander-Hein
und der Cornelsen Redaktion

Methodenheft von
Lukas Pauli

Unter Beratung von
Franziska Kolb (Waiblingen)
Sabine Peters (Waiblingen)

Cornelsen

Jojos Hundehütte

Du hast eine rechte Seite deines Arbeitsheftes bearbeitet? Dann mache dir Gedanken zu der Schnippelecke oben rechts. Jetzt darfst du sie abschneiden. Klebe Jojo aus den Schnippelecken hier eine Hundehütte.

Inhalt

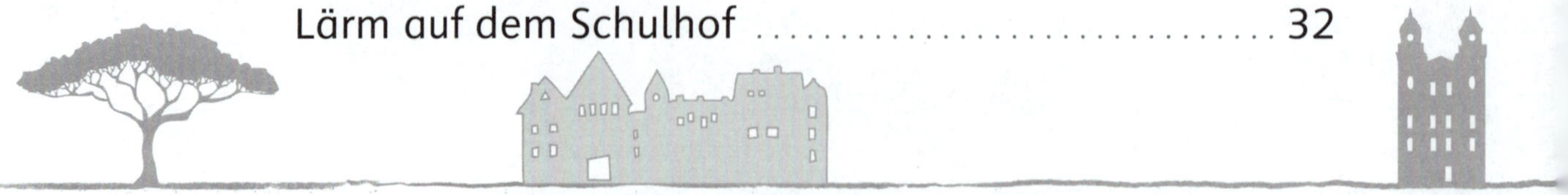

Du bist mein Inhalt!

Das bin ich

Tieren auf der Spur (eine Sachzeichnung erstellen)

Unterwegs

Ich mache mit! (im Internet recherchieren)

Medien

Umwelt erforschen (ein Versuchsprokokoll schreiben)

Anhang

regionale Downloads siehe Innenumschlag hinten

Es gibt nichts Gutes, außer man tut es.

Mitmachen lohnt sich

1 Lies den Comic mit einem Partner. Sprecht darüber.

Der Anstoß

2 Der Comic heißt „Der Anstoß“. Schreibt eure Gedanken zu dem Titel auf.

____

____

3 Bestimmt erinnert ihr euch an Neuerungen an eurer Schule. Berichtet von einer.

____

____

____

____

Unser Klassenrat

In deiner Klasse und an deiner Schule passieren viele Dinge, die dich etwas angehen – und die du mitgestalten kannst!

(1) Welche Themen besprechen die Kinder im Klassenrat?

(2) Welche Regeln sind dir wichtig, damit der Klassenrat funktionieren kann?

____

____

____

____

(3) Sammelt Themen für euren Klassenrat in einem gemeinsamen Hefter. Jeder heftet sein Blatt hinten an und ergänzt das Inhaltsverzeichnis.
→ S. 3

Kann Sonnenblume ein Schimpfwort sein?

Kleines Streit-ABC

Klar, manchmal gibt es unterschiedliche Meinungen. Dann kann es helfen, „richtig“ zu streiten, sodass sich niemand verletzt fühlt.

(1) Lest die Kästen A, B und C. Erzählt von ähnlichen Situationen.

(2) Schreibe Beispiele zu den Streit-Regeln.

A Beleidigungen: No!

Benutze keine Schimpfwörter.
Du darfst sie auf Zettel schreiben und in ganz kleine Stücke reißen.

Schreibe hier „deine“ Schimpfwörter auf und streiche sie ganz dick durch.

____

____

____

____

B Sage niemals „nie“!

Vermeide „nie“ und „immer“.
Sage lieber genau, wann etwas war.

✗ Nie darf ich Fänger sein!

✓ Gestern warst du Fänger. Heute möchte ich dran sein.

✗ Immer sitzt du am Fenster.

✓ ______________________

____

✗ Ich darf nie mitspielen!

✓ ______________________

____

C Vom „Du“ zum „Ich“

Klage nicht mit „Du hast …“ oder „Du bist …“.
Sage lieber, was du fühlst.

✗ Du bist total gemein.

✓ Ich fühle mich schlecht, wenn du tuschelst.

✗ Ja, ja, du kannst alles besser!

✓ ______________________

____

✗ Du gibst gar nichts ab!

✓ ______________________

____

Doll, doller – Streitschlichter

Manchmal findet man ohne Hilfe nicht mehr aus einem Streit heraus. Dann kann jemand helfen, der nichts mit dem Streit zu tun hat: ein Streitschlichter.

(1) Was wünschst du dir von einem Streitschlichter? Kreuze an. Sprecht darüber.

Ein Streitschlichter sollte …

- ◯ keine Person bevorzugen.
- ◯ mit mir befreundet sein.
- ◯ stark sein.
- ◯ jeden Beteiligten fragen.
- ◯ entscheiden, wer Schuld hat.
- ◯ eine Lösung vorschlagen.

Bearbeite die Lernspuren auf Seite 79.

(2) Schreibe Stichpunkte auf, was du als Streitschlichter sagen würdest. Spielt dann die Situation zu dritt. Erfindet auch weitere Situationen.

Ich möchte im Wald ausstellen.

Training Eine Wald-Ausstellung

1 Plant zu zweit eine Ausstellung zum Thema Wald. → S. 4/5

A Gliedert das Thema Wald in kleine Themen. Erstellt einen Cluster.

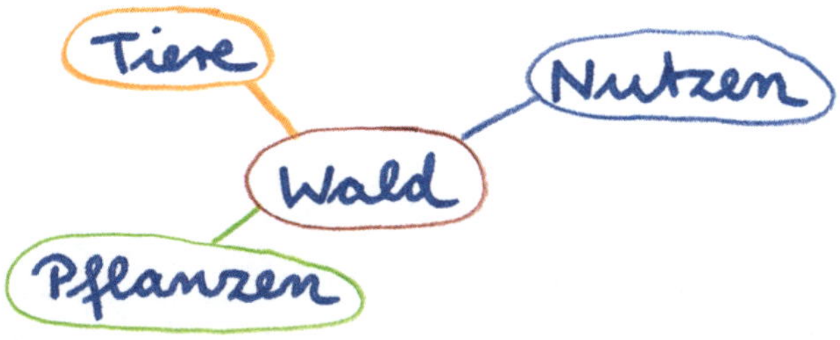

B Was möchtet ihr präsentieren? Schreibt eure Ideen auf.

____

____

C Welcher Ort eignet sich für eure Ausstellung? Weshalb?

_______________________ eignet sich als Ausstellungsort, weil

____

D Welche Dinge müsst ihr beschaffen?

____

____

____

E Wie könnte ein Werbeplakat für eure Ausstellung aussehen? Macht eine Skizze auf einem extra Blatt.

2 Besprecht und vergleicht eure Ergebnisse in der Klasse. Einigt euch, wie ihr für eure Ausstellung vorgehen wollt.

Wald ist wichtig

Wald gibt es fast überall auf der Welt:
Er bedeckt nahezu ein Drittel unserer Erde.
Wald ist also ein besonders wichtiger
Lebensraum.

(1) Lies, weshalb der Wald für die Menschen wichtig ist.

Ich bin Förster.
Ich sorge dafür, dass Bäume gefällt werden und genügend Bäume nachwachsen.
Ohne Wald hätte ich keinen Beruf.

Vor meinem Haus wächst zum Glück ein Wäldchen. Dadurch höre ich die Autobahn dahinter nicht so doll.

Der Wald ist zu jeder Jahreszeit toll:
Im Sommer kann ich im Schatten joggen, im Herbst liebe ich es, Pilze zu sammeln.

(2) Ergänze, warum der Wald für dich wichtig ist.
Sammelt eure Gedanken auf Karten.
Dann könnt ihr sie ausstellen.

(3) Was bietet der Wald? Notiere unten Stichpunkte.
Ihr könnt daraus auch ein gemeinsames Poster machen.

Bäume des Waldes

1 Unterstreiche im Text zur Fichte Stichpunkte für einen Steckbrief.

Der Name dieses Nadelbaumes ist Fichte. Die Fichte behält ihre Blätter – die Nadeln – das ganze Jahr über.
Die Früchte sind braune, hängende Zapfen.
Die rotbraune Borke ist schuppig.
Das Besondere an der Fichte ist, dass sie sehr schnell wächst – zumindest für einen Baum.

2 Erstelle einen Steckbrief zur Rotbuche. Nutze die Stichpunkte von oben.

3 Informiere dich über einen Baum des Waldes.
Wie verändert er sich im Jahreslauf?
Bastele ein Quadrama zu dem Baum
in den vier Jahreszeiten.

Der Buntspecht

Der Buntspecht kommt in unseren Wäldern häufig vor. Sein Körper ist besonders angepasst an das Leben in den Bäumen.

(1) Verbinde die Körperteile des Buntspechtes mit den passenden Texten.

Der Schnabel

Der Schwanz

Der Fuß

hat feste, gebogene Krallen. Sie geben Halt an der Borke. Eine Zehe kann der Specht wenden. So kann er den Stamm auf- und ablaufen.

ist kräftig lang und elastisch. Er kann Höhlen in den Baumstamm schlagen.

besteht aus festen Federn. Er gibt zusätzlichen Halt am Stamm – wie ein dritter Fuß.

(2) Schreibe einen Steckbrief zu einem Waldvogel auf ein extra Blatt. Erstellt einen gemeinsamen Hefter. → S. 3

(3) Betrachte das Rotkehlchen. Woran erkennst du, dass es keine Höhlen in Baumstämme meißelt, sondern ein Nest baut?

Der Fuchs im Winter

Der Fuchs ist auch im Winter aktiv. Er jagt und gräbt Vorräte aus, die er vorher verbuddelt hat. Für seine Nahrung ist also auch im Winter gesorgt. Wie aber übersteht der Fuchs die Kälte?

1) Führe den Versuch durch.

1 Frage: Wie übersteht der Fuchs Kälte?

2 Vermutung: ______________________________

____

____

3 Durchführung:

4 Beobachtung:

Material	Temperatur nach 15 min	Temperatur nach 30 min
kein Material		
Zeitungspapier		
Wolle		
Fell		

5 Ergebnis: ______________________________

____

____

____

Schutz des Waldes

1) Welchen Gefahren ist der Wald ausgesetzt? Klebe die passenden Fotos von Seite 83 dazu.

Müll

Waldbrand

Schädlinge

2) Beschreibe Möglichkeiten, den Wald und seine Bewohner zu schützen.

3) Bei welcher Gefahr hast du das Gefühl, dass du nicht helfen kannst? Sprecht in der Klasse darüber.

Denke an die Lernspuren auf Seite 79.

Papier ist geduldig.

Eine dünne Erfindung: Papier

(1) Betrachtet die Herstellung von Papier früher und heute. Was hat sich verändert? Sprecht darüber.

Zwischen Steinen wurden Hanfpflanzen, alte Fischernetze und alte Kleidung zerrieben. Die Brösel wurden in einem Fass mit Wasser zu Brei verrührt. Mit einem Sieb aus Bambusstöcken wurde etwas Brei herausgehoben. Das nennt man Papierschöpfen. Der Brei wurde gepresst, die Blätter wurden gestapelt und an der Sonne getrocknet.

Papierherstellung im Mittelalter

Eine Maschine rührt einen Brei aus Holzschnitzeln, Wasser und Leim. Bleichmittel geben dem Brei eine helle Farbe.
Der Brei wird zwischen großen Walzen einer Papiermaschine getrocknet und zu langen Bahnen gepresst. Die Bahnen werden zu einer großen Rolle Papier gewickelt.

Papierfabrik heute

(2) Warum wird Papier nicht mehr so wie früher hergestellt? Was meinst du?

Denke an die Schnippelecke.

Aus Papier wird Papier

(1) Einen Tag ohne Papier kann man sich heute kaum noch vorstellen.
Wofür hast du heute schon Papier gebraucht?

____

____

(2) Was wird benötigt, um ein Heft herzustellen? Besprecht das Schaubild.

100 g Holz:
So viel wiegt
ein kleiner
Apfel.

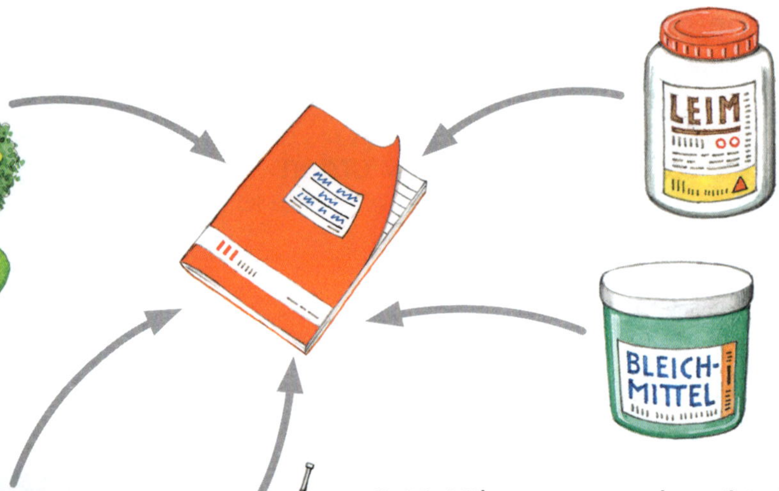

18 l Wasser:
So viel passt
in zwei
Gießkannen.

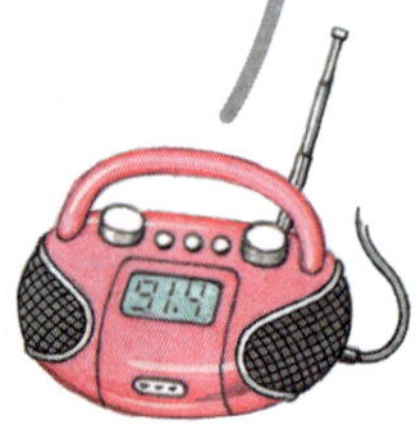

0,12 Kilowattstunden (kWh)
elektrische Energie: Damit
kannst du von morgens bis
abends Radio hören.

Aus Papier kann wieder Papier hergestellt werden: das Recyclingpapier (sprich: Rißeikling). Es schont die Umwelt, da kein oder kaum Holz verwendet wird und viel weniger Energie und Wasser nötig sind.

(3) Wie kann deine Schule mehr Recyclingpapier nutzen?
Schreibe deine Idee oder einen Spruch auf.

____

____

(4) Findet Produkte aus Recyclingpapaier.
Stellt sie aus. → S. 4/5

Müll in Hülle und Fülle

Jeder von uns macht Müll, und zwar eine ganze Menge: 150 kg jedes Jahr! Etwa die Hälfte unseres Mülls kann wieder verwertet werden. Dafür muss er getrennt gesammelt werden. Dazu gehören Papier, Plastik und Glas. Der Restmüll dagegen landet auf einer Mülldeponie oder wird verbrannt.

1. Welchen Müll trennst du zu Hause? ______________________________

2. Betrachte das Schaubild. Setze die Wörter passend ein.

transportieren | sammeln | einschmelzen | Wertstoff gebrauchen | neu formen

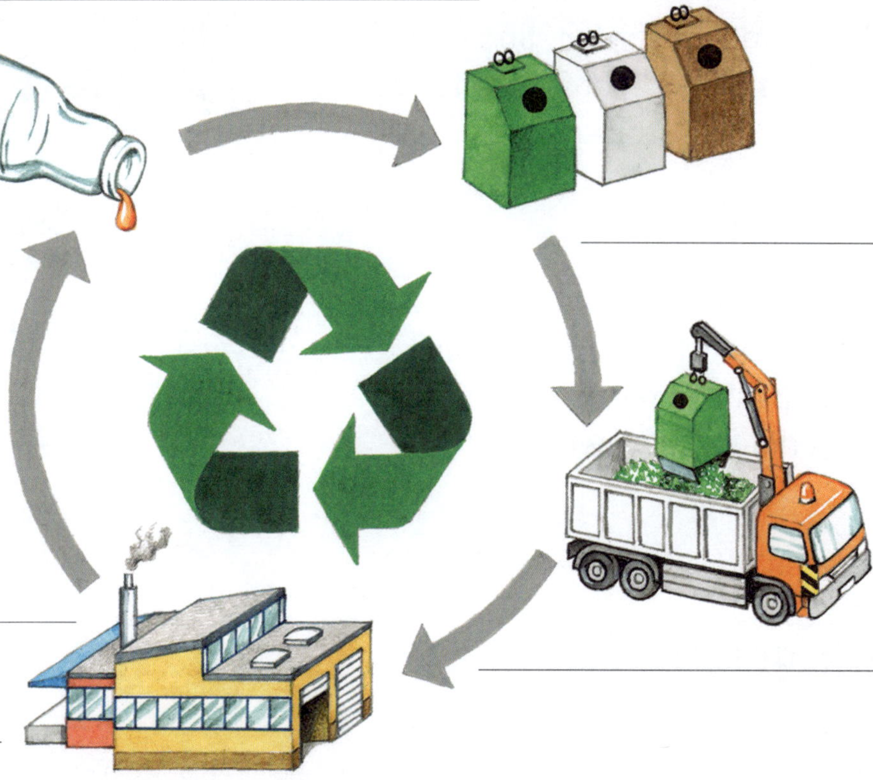

waschen

Fremdstoffe entfernen

nachsortieren

zerkleinern

3. Manche Völker produzieren keinen Müll. Wie ist das möglich?

Abfall macht Arbeit

Viele Menschen in ganz unterschiedlichen Berufen kümmern sich um unseren Abfall.

(1) Lies den Text. Schreibe über jeden Absatz eine Überschrift.

Ich bin Umweltwissenschaftlerin und arbeite auf einer Verwertungsanlage. Dorthin wird sortierter Abfall gebracht, um daraus Neues zu machen. Ich sorge dafür, dass aus Laub und Rasenschnitt Erde wird.

Dafür schichte ich den Grünabfall zu großen Haufen. Diese Komposthaufen kontrolliere ich jeden Morgen. Ich messe die Temperatur und den Sauerstoff.

Nach vier Monaten ist aus dem Abfall Erde geworden. Im Labor prüfe ich die Erde auf Nährstoffe und auf Schadstoffe.

Mit einem Computerprogramm überwache ich unsere Bestände. So weiß ich immer, wie viel Erde wir verkaufen können.

(2) Was gefällt dir an diesem Beruf?

Mir gefällt, dass

③ Lies den Text über die Arbeit des Abfall- und Energieberaters.

Ich helfe Menschen, Energie zu sparen und Abfall richtig zu trennen. Dafür besuche ich die Menschen zu Hause. Ich berate aber auch an Infoständen. Ich mache das einmal in der Woche ehrenamtlich. Um „Abfall- und Energieberater“ zu werden, habe ich ein Seminar besucht.

④ Überlegt zu zweit, was ein Ehrenamt von einem Beruf unterscheidet. Die Stichwörter helfen euch.

Bezahlung | Arbeitszeit | freiwillig | Ausbildung

⑤ Weshalb können Menschen arbeitslos werden? Überlegt zu zweit. Schreibt die Gründe auf.

Training Milchtüten-Laterne

(1) Aus manchem Müll kannst du Neues basteln.
Schreibe eine Anleitung zu den Bildern. → S. 6/7

aufzeichnen ausschneiden

bekleben lochen einfädeln

Du brauchst: ______________________

____

____

____

1. 

____

____

____

2. 

____

____

____

3. 

____

____

____

(2) Probiere eines aus, und schreibe eine Anleitung. → S. 6/7

- Garn aus einem alten T-Shirt schneiden
- Perlen aus Papierstreifen rollen
- Anhänger aus Teelichthülse basteln oder
- ______________________

Flotte Flitzer

1 Betrachte das Fahrzeug, und verbinde es mit den Begriffen.

der Unterboden

die Achse

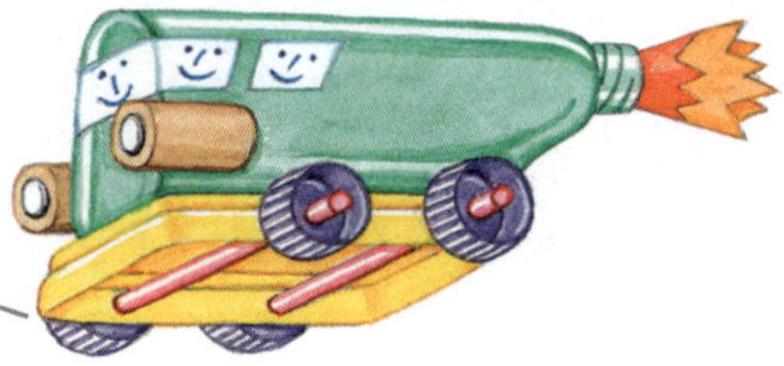

die Karosserie

das Rad

2 Plane den Bau eines Fahrzeugs mit vier Rädern. Es soll möglichst weit rollen. Welche Wertstoffe möchtest du verwenden?

Ich verwende für

den Unterboden: ______________________

____

die Karosserie: ______________________

____

die Räder: ______________________

____

die Achsen: ______________________

____

3 Zeichne dein Modell. Stelle es vor.

Der Fahrzeug-Check

(1) Baue dein Fahrzeug.
Teste es an einer Rampe:
Mein Fahrzeug fährt

_____ cm weit.

(2) Wie kannst du dein Fahrzeug verbessern?
Mache den Check „Five for drive!" rechts.
Das habe ich verändert:

Mein Fahrzeug fährt jetzt _____ cm weit.

Five for drive!

- ◯ 1. Alle Räder berühren den Boden.
- ◯ 2. Die Räder laufen rund, sie „eiern" nicht.
- ◯ 3. Die Räder drehen sich um eine Achse.
  Oder:
  Die Räder sitzen fest auf einer Achse, die sich dreht.
- ◯ 4. Die Räder berühren nicht die Karosserie.
- ◯ 5. Die Achsen sind gerade ausgerichtet.

(3) Besprecht, wie ein Antrieb mit Luftballon oder Gummiband für euer Fahrzeug aussehen könnte.

(4) Bastele ein Schlängelbuch.
Notiere darin eine Bauanleitung für dein Fahrzeug. → S. 6/7

Zeit in der Schule

Zeit steht nie still. Das erlebst du auch während deiner Schulzeit.

1 Beende den Satz.

Ich finde einen runden Stundenplan

______________________________ , weil

____

____

____

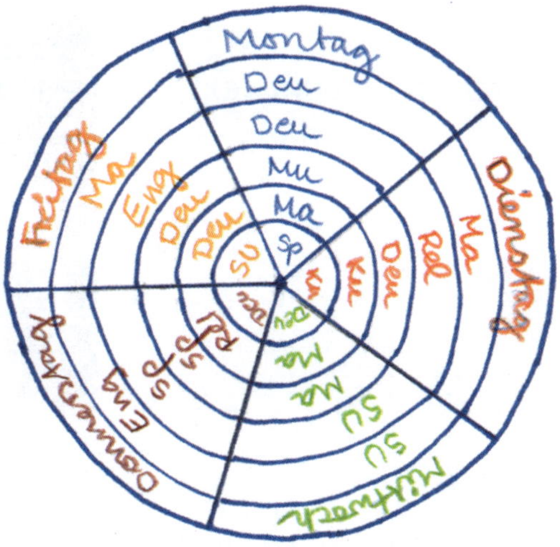

Der Ablauf einer Schulwoche beginnt immer wieder aufs Neue. Man sagt, er ist zyklisch. Das ist lateinisch und bedeutet kreisförmig.

2 Betrachte die Zeitleiste. Markiere mit einem Kreuz, wo du dich gerade befindest. Trage weitere Ereignisse ein.

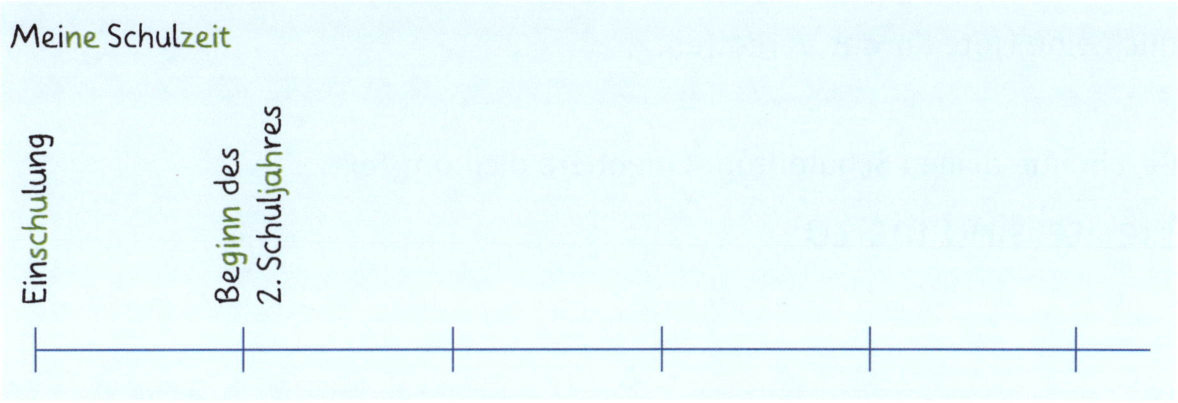

Der Ablauf deiner Schulzeit schreitet immer mehr voran. Man sagt, er verläuft linear. Das ist lateinisch und bedeutet gerade.

3 Markiere zyklische Abläufe mit einem Z und lineare Abläufe mit einem L. Vergleiche mit einem Partner.

- ◯ Tag und Nacht
- ◯ die vier Jahreszeiten
- ◯ ______________________
- ◯ die große Pause
- ◯ die Taufe
- ◯ Ebbe und Flut

Schule früher – Schule heute

1 Lies, wie das Schulleben vor 100 Jahren war.

2 Unterstreiche im Text, was heute in der Schule anders ist.

Vor 100 Jahren waren bis zu sechzig Kinder in einer Klasse. Jungen und Mädchen wurden oft getrennt unterrichtet. Die Kinder schrieben auf Schiefertafeln. Wer redete, bekam eine Strafarbeit oder einen Tadel. Freche Kinder mussten oft in der Ecke stehen. Auf dem Zeugnis gab es auch eine Note für das Verhalten.

3 Beschreibe deinen Schulalltag. Orientiere dich am Text.

Heute sind bis zu

Training Wie war Schule früher?

1. Bereite ein Interview vor.
Fülle dafür die Seite aus. → S. 8/9

A Was möchtest du über „Schule früher" wissen? Bringe die Fragen in eine sinnvolle Reihenfolge. Nummeriere.

◯ ____________________

◯ ____________________

◯ ____________________

◯ ____________________

◯ ____________________

B Wen könntest du zum Thema „Schule früher" interviewen?

____

C Womit möchtest du das Interview aufzeichnen?

____

D Überlege dir einen Einstieg für das Interview. Das kann ein Ereignis von deiner Schule sein, eine Vermutung, ein Schülerwitz oder etwas ganz anderes.

____

____

____

____

E Kreuze an, was dir für einen Abschluss sinnvoll erscheint.

◯ Vielen Dank für das Gespräch.

◯ Die Zeit ist längst um.

◯ Das war mein erstes Interview.

◯ Es war sehr interessant, etwas von früher zu erfahren.

◯ Ich habe viel gelernt.

Schule der Zukunft

1) Betrachtet die Fotos. Sprecht darüber, was ein modernes Schulhaus von einem alten Schulhaus unterscheidet.

Schulhaus von 1896

Modernes Schulhaus

2) Male eine Schule, wie sie in 100 Jahren aussehen könnte. Ist es ein Haus oder etwas ganz anderes?

3) Erkläre deine Schule in einem Satz.

Viele Orte werben mit einer Homepage.

Einen Ausflug planen

Orte verraten viel über die Zeit, aus der sie stammen. Zeit und Geschichte lassen sich hautnah in Museen oder Heimatvereinen erleben.

(1) Plant einen Ausflug zu einem besonderen Gebäude in eurer Gegend. Besprecht, wie ihr euch am besten auf ein Gebäude einigen könnt.

Wir planen einen Ausflug zu ______________________________.

(2) Bearbeitet die Tabelle. Für die erste Spalte bringt die Texte von Seite 83 in eine sinnvolle Reihenfolge.

Was ist zu tun?	erledigen bis	Ergebnis

(3) Erstellt einen Zeitplan für euren Ausflugstag.

__:__	__:__	__:__	__:__	__:__
Hinfahrt	Ankunft	Pause	Rückfahrt	Ankunft

Lärm auf dem Schulhof

1. Lies mit einem Partner den Zeitungsartikel. Unterstreicht, was genau die Anwohner stört.

Schulhof-Lärm stört Anwohner

Die Anwohner der Bach-Schule leiden unter Lärm. Gestern haben sie ihre Nöte einem Beschwerde-Ausschuss mitgeteilt. Auf Krach während der großen Pausen waren die Anwohner eingestellt. Immer häufiger finden aber nachmittags Sportkurse statt. Besonders das Basketballspielen ist störend. Am Wochenende feiern Klassen mit lauter Musik. Abends wird der Hof dann zu einem Treff für Jugendliche. Morgens geht es mit Verkehrslärm weiter. Viele Eltern bringen ihre Kinder mit dem Auto direkt vor die Schule. Gemeinsam mit der Schulleitung soll nun nach Lösungen gesucht werden.

2. Findet Ideen, die den Anwohnern helfen könnten.

Weiche Bälle sind leiser.

3. Spielt, wie alle Beteiligten Lösungen suchen. Ihr braucht jeweils zwei Kinder für – die Anwohner – die Schulleitung – den Beschwerde-Ausschuss.

Früher durften Frauen keine Hosen tragen.

Typisch Mädchen? Typisch Junge?

1 Sprecht über die Bilder. Was hat sich für Mädchen und Jungen geändert?

früher	**und**	**heute**

2 Besprecht: Wann wärst du gerne ein Junge oder ein Mädchen?

3 Welchen Sport treiben die Kinder deiner Klasse? Stelle eure Ergebnisse als Säulendiagramm dar. Male: ein ■ für jedes Mädchen,
ein ■ für jeden Jungen.

Anzahl der Kinder

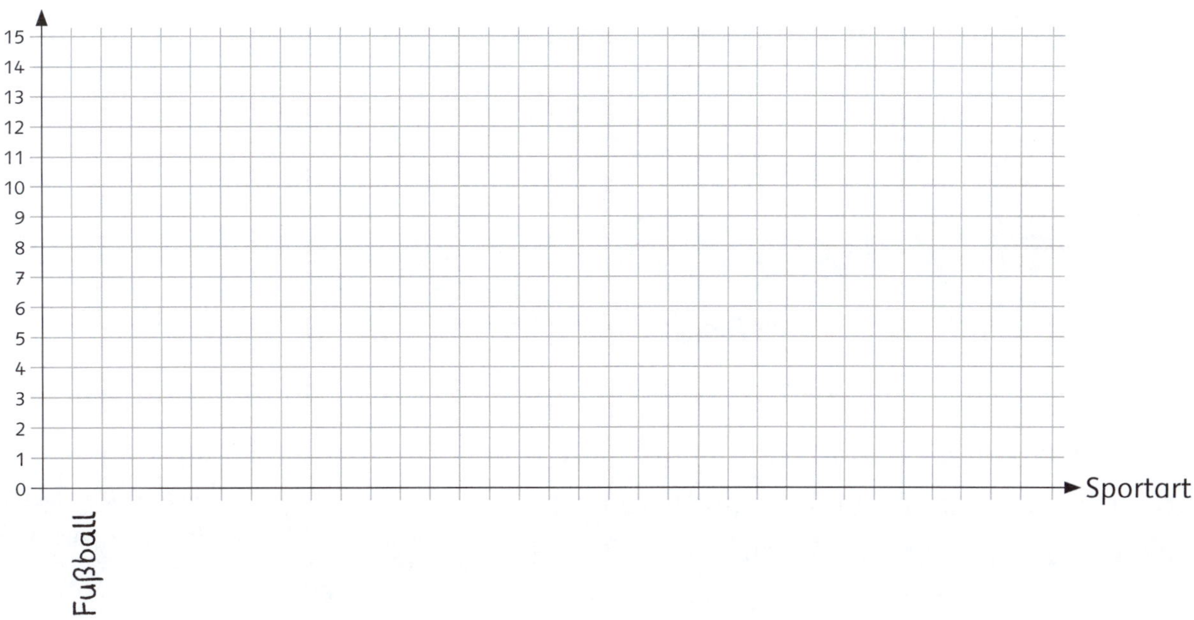

Alles neu in der Pubertät

1 Lies den Text. Streiche von den farbigen Wörtern das unpassende Wort durch. Vergleiche mit einem Partner.

Mädchen werden zu Frauen/Müttern, und Jungen werden zu Babys/Männern – klar! Diese Zeit der Ferien/Veränderung heißt Pubertät. Sie beginnt ganz unterschiedlich/gleich, mit 9 Jahren oder auch mit 16 Jahren. Winzige Stoffe im Körper, die Knochen/Hormone steuern die Pubertät. Sie dauert mehrere Sekunden/Jahre, schließlich verändert sich der Körper/Stundenplan sehr, und das braucht Zeit.

2 In der Tat passiert eine ganze Menge bis zum Erwachsensein. Schaut im Bild und schreibt jede Veränderung auf einen kleinen Zettel. Sammelt alle Zettel der Klasse auf Postern „Die Frau", „Der Mann".

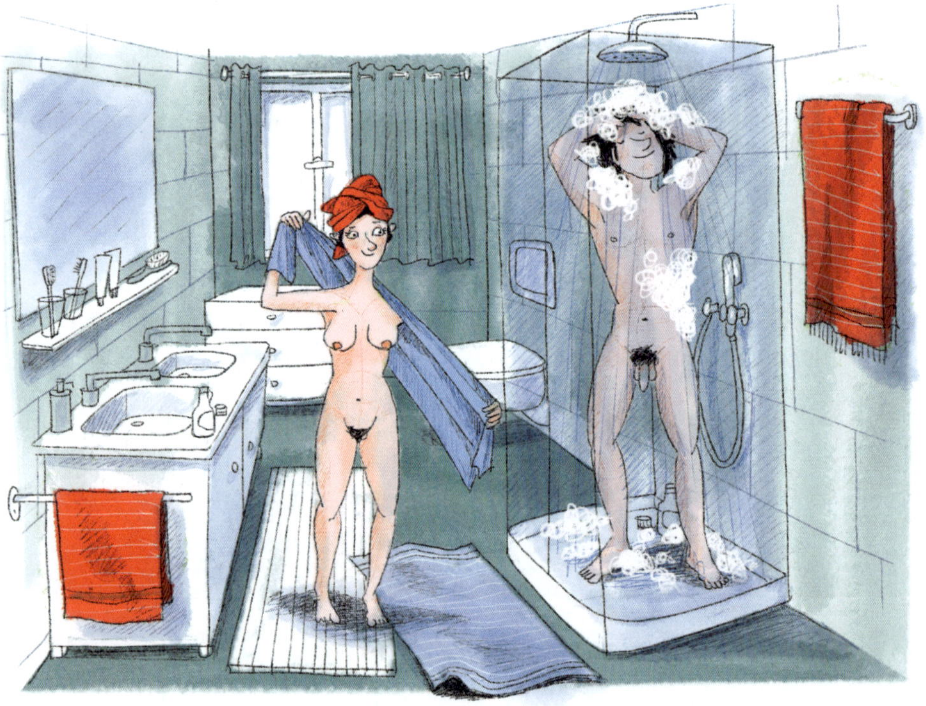

3 Zu den Themen Pubertät, Erwachsensein, Liebe oder Babys bekommen hast du bestimmt viele Fragen. Schreibe sie auf kleine Zettel. Bastele ein Portemonnaie für die Fragen.

Ich überspringe die Pubertät einfach.

Gefühle – rauf und runter

Mit der Pubertät wirbeln auch die Gefühle ganz schön durcheinander. Manchmal reichen kleine Dinge, um ganz wütend oder traurig oder verliebt zu sein. Kein Wunder, in der Pubertät sortiert sich das Gehirn ganz neu. Und es gibt viele Fragen: Was macht mich aus? Was möchte ich erreichen?

1. Kennst du jemanden, der in der Pubertät ist oder war? Erzähle davon.

2. Was denkst du über Pubertät? Schreibe in die Pfeile.

3. Ist eine deiner Fragen aus dem Portemonnaie bereits beantwortet? Stecke sie in das zweite Fach.

Die Geschlechtsorgane

(1) Lies den Text. Verbinde dann unten die Begriffe mit den passenden Geschlechtsorganen im Bild.

Geschlechtsorgane sorgen dafür, dass wir Babys zeugen und bekommen können. Damit ein Baby entstehen kann, muss eine Samenzelle auf eine reife Eizelle treffen. Das kann klappen, wenn der Penis des Mannes in die Scheide der Frau gleitet. Ist das Gefühl besonders schön, fließen Samenzellen aus den Hoden in eine Art Schlauch. Das ist der Samenleiter. Durch die Harnröhre gelangen die Samenzellen durch den Penis in die Scheide. Im Körper der Frau liegen zwei Eierstöcke. Dort werden die Eizellen reif. Eine reife Eizelle wandert durch den Eileiter in eine Art Höhle: die Gebärmutter. Sie hat die Form einer Birne. Trifft eine Samenzelle auf eine Eizelle, schlüpft sie hinein. Die Eizelle ist nun befruchtet!

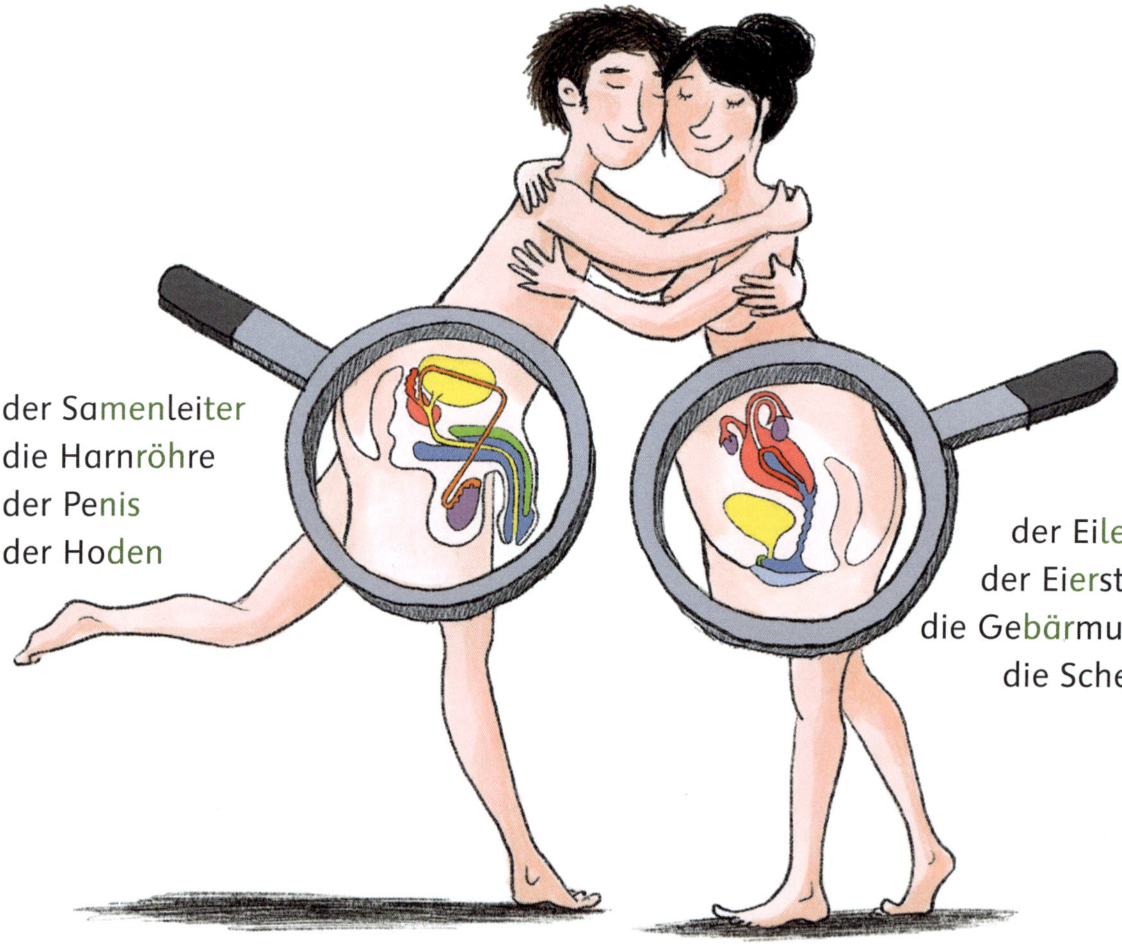

der Samenleiter
die Harnröhre
der Penis
der Hoden

der Eileiter
der Eierstock
die Gebärmutter
die Scheide

(2) Unterstreiche Begriffe, die dich besonders interessieren. Erfahre mehr darüber in einem Lexikon, zum Beispiel hier: www.unserkoerper.de

Von der Befruchtung bis zur Geburt

Die befruchtete Eizelle wandert in die Gebärmutter.
Die Eizelle teilt sich in immer mehr Zellen.

(1) Schneide die Bilder auf Seite 83 aus. Klebe sie zu den passenden Texten.

2. Monat
Der Embryo ist so groß wie eine Mandel.
Du kannst bereits die Wirbelsäule erkennen.
Auch das Gehirn entsteht. Siehst du,
wo Arme und Beine wachsen?

4. Monat
Das Baby ist so groß wie ein Hühnerei.
Es kann sich schon bewegen und turnt
in seiner Blase mit Fruchtwasser.
Erkennst du die Nabelschnur?

5. Monat
Das Baby ist fast so groß wie dieses Heft. Es kann jetzt hören,
wenn du lachst oder singst. Mit einem Ultraschallgerät kann
man sehen, ob es ein Mädchen oder ein Junge ist.

7. Monat
Das Baby ist so groß wie dein Fahrradlenker.
Die Organe sind fast fertig. Und schau mal,
die langen Beine! Sie können so doll strampeln,
dass du es von außen sehen kannst.

9. Monat
Der Platz im Bauch wird immer knapper. Meistens dreht sich das Baby
mit dem Kopf nach unten. Es kommt durch die Scheide auf die Welt
oder mit einem Kaiserschnitt.

Halt,  ich möchte das nicht!

Sich die Hand geben, eine Umarmung oder ein Kuss – Begrüßungen gibt es ganz viele! Zu Fremden hältst du automatisch mehr Abstand. Aber auch Menschen, die du sehr magst, dürfen dich nur dort berühren, wo du es auch möchtest.

(1) Denke an einen Menschen, den du magst.
Markiere dann in der Zeichnung:

- ☒ Stellen, an denen du nicht berührt werden möchtest.
- ✓ Stellen, an denen eine Berührung okay für dich ist.

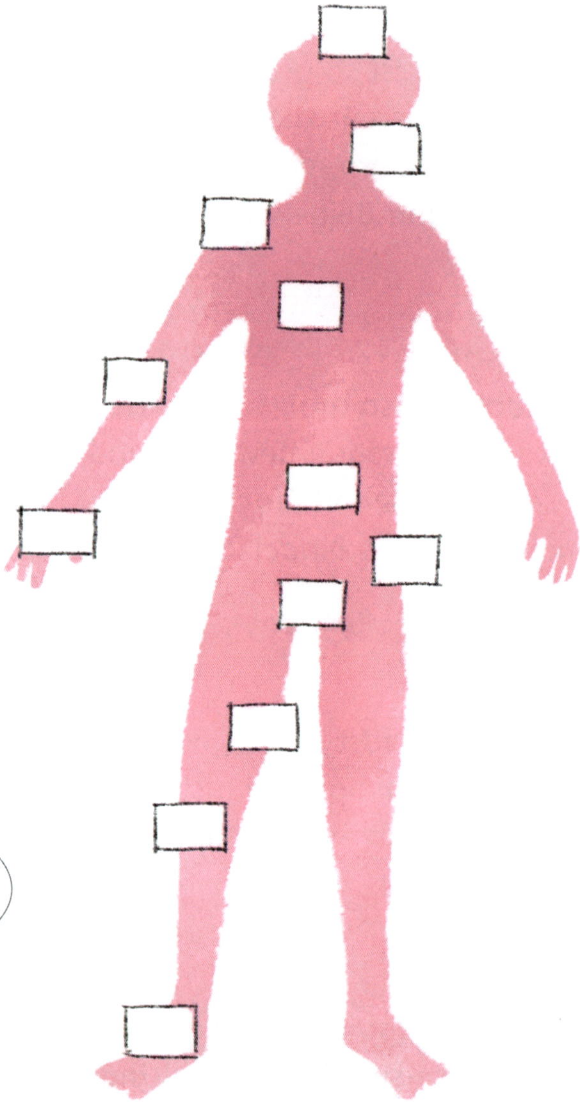

(2) Gefällt euch eine Berührung nicht, ist es wichtig, dies deutlich zu sagen. Das ist gar nicht so leicht! Übt das Neinsagen in einem Rollenspiel.

(3) Welche Fragen aus deinem Portemonnaie sind nicht beantwortet? Sammelt alle diese Fragen in einem Karton. Besprecht, was ihr damit machen wollt.

Training Der Körper der Honigbiene

① Fertige eine Sachzeichnung von der Honigbiene an. → S. 10/11

A Betrachte das Foto.
Notiere Besonderheiten der Honigbiene.

B Plane deine Sachzeichnung. Diese Körperteile sollen beschriftet werden.

der Kopf | das Auge | der Fühler | die Brust | der Flügel | das Bein | der Hinterleib | der Rüssel

Wie groß soll die Zeichnung werden? Helfen dir Hilfspunkte?
Welche Stifte benötigst du?

C Wähle eine Überschrift.

D Vergleiche deine Sachzeichnung mit einem Partner.
Was kannst du verbessern? Beratet euch.

Das Leben der Honigbiene

(1) Was wisst ihr über Honigbienen?
Sammelt euer Wissen. Ergänzt den Cluster.

(2) Lies den Text. Unterstreiche Wörter, die du im Cluster ergänzen kannst.

Sehr viele Honigbienen leben gemeinsam in einem Bau. Er heißt Bienenstock und befindet sich häufig in einer Baumhöhle. Ein Bienenvolk besteht aus einer Königin und mehreren Hundert männlichen Bienen, den Drohnen. Die meisten Bienen aber sind Arbeiterinnen, nämlich ungefähr 60.000! Jede Arbeiterin übernimmt im Laufe ihres Lebens verschiedene Aufgaben. Zuerst putzt sie den Bau. Dann füttert die Arbeitsbiene die Brut mit Pollen. Später stellt sie selber Wachs her und repariert damit den Bau. Die ältere Arbeiterin bewacht den Bau vor Feinden. Sie schwirrt auch aus, um Pollen und Nektar zu sammeln. Daraus stellt sie im Magen Honig her. Er dient den Bienen als Nahrung. Nach sechs Wochen geht das Leben der Arbeiterin zu Ende.

(3) Informiere dich über die Königin oder über die Drohne. Berichte.

Ich studiere Bionik.

Die Honigbiene als Baumeister

Wenn Honigbienen in eine neue Behausung ziehen, fangen die Arbeiterinnen an zu bauen. Aus Wachs bauen sie viele kleine Kammern: die Waben. In den Waben wachsen Bienen heran, sie schlafen darin, und sie lagern dort ihre Vorräte. Ganz schön wichtig, die Waben!

(1) Auf engem Raum sollen viele Waben Platz haben.
Welche Form eignet sich dafür besonders?
Kreuze deine Vermutung an. Diskutiere mit der Klasse.

☐ 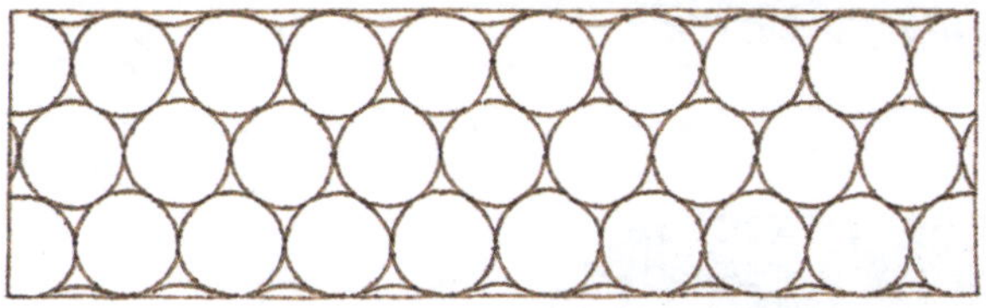

☐ 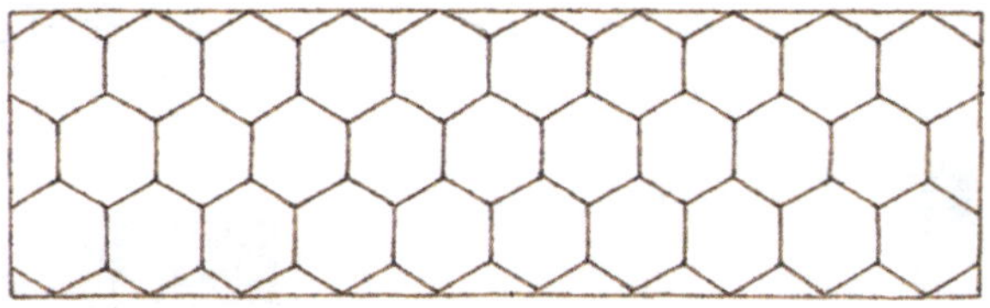

(2) Baue eine runde Wabe aus Papier und eine sechseckige. Schneide dafür die Vorlagen auf Seite 85 aus. Klebt die Waben der Klasse wie auf dem Bild zusammen. Welcher Bau ist stabiler?

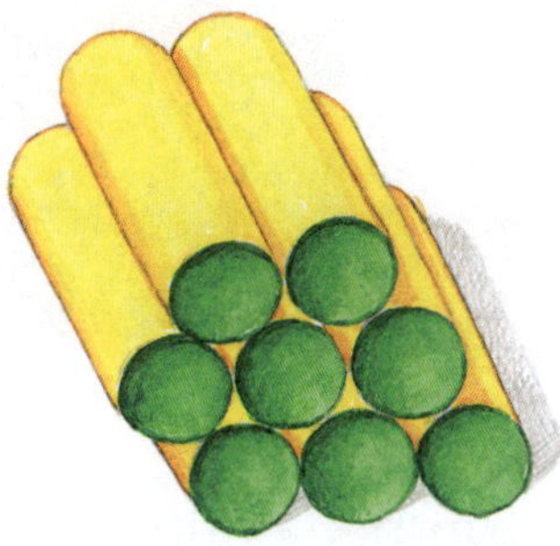

(3) Die Wabenform ist Vorbild für viele Erfindungen. Schreibe, weshalb der Fahrradhelm für seine innere Schutzschicht die Wabenform nutzt.

Landschaften sind verschieden

Landschaften können ganz unterschiedlich sein. Sie bieten Tieren, Pflanzen und Menschen unterschiedliche Möglichkeiten, zu leben.

1. Betrachte den modernen Garten und die Wildblumenwiese. Bewerte die Landschaften für Bienen, für Pflanzen und für den Menschen. Male dafür die Kreise aus.

für Bienen

für Pflanzen

für Menschen

für Bienen

für Pflanzen

für Menschen

● = sehr gut

● = mittel

● = sehr schlecht

Sprecht über eure Bewertungen.

2. Was kann jeder tun, um der Honigbiene wieder mehr Lebensräume zu bieten? Sprecht darüber.

3. Auch das Watt ist für die Honigbiene nicht geeignet. Weshalb ist es trotzdem ein wertvoller Lebensraum? Diskutiert.

Uli ist kein Maßstab!

Karten haben einen Maßstab

Karten geben die Wirklichkeit viel kleiner wieder.
Der Maßstab gibt an, wie oft die Wirklichkeit verkleinert wurde.
Ein Maßstab von 1:50 000 (sprich 1 zu 50 000) bedeutet:
1 cm auf der Karte sind in der Wirklichkeit 50 000 cm, also 500 m.

(1) Betrachte die beiden Karten. Lege den passenden Maßstab von Seite 87 zu den Karten. Bespricht dich mit einem Partner. Klebt, wenn ihr sicher seid.

(2) Begründe die Zuordnung.

(3) Wo ist ein Maßstab sinnvoll? Kreuze an.

- ◯ Modelleisenbahn
- ◯ Nachbau im Museum
- ◯ Lineal
- ◯ Zimmergrundriss

Berge auf Karten

Wie kommt ein Berg eigentlich auf die Karte? Die Karte ist ja schließlich ganz flach.

Der Lochenstein

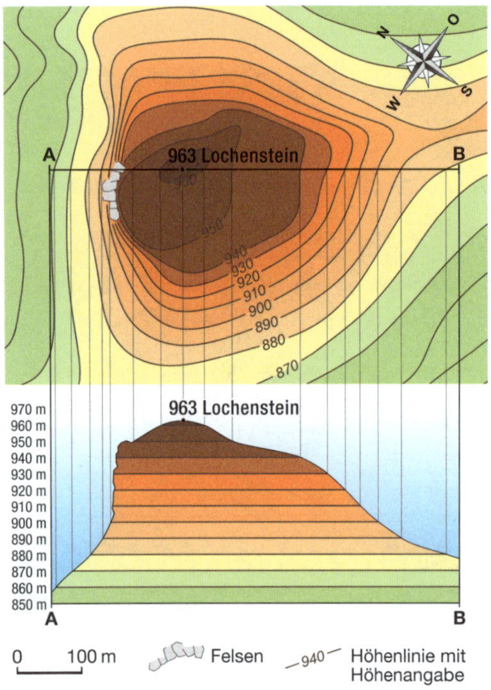

Die Form eines Berges wird durch Höhenlinien ausgedrückt. Jede Höhenlinie verbindet Punkte des Berges, die auf derselben Höhe liegen. Ist der Berg steil, liegen die Höhenlinien eng beieinander. Ist der Berg flach, liegen die Höhenlinien weit auseinander. Zwischen den Höhenlinien liegen farbige Höhenschichten. Sie lassen die Berghöhen leicht erkennen.

Aus Karten mit Höhenlinien kann man den Querschnitt eines Berges ableiten. Das ist sein Profil.

1. Von wo würdest du den Berg besteigen? Begründe.

2. Stellen die Höhenlinien den Berg auf dem Foto oben dar? Begründe deine Vermutung.

3. Schnitze aus Blumensteckmasse einen Berg. Schneide ihn waagerecht in gleich dicke Scheiben. Bringe mit diesen Scheiben Höhenlinien auf ein Papier. Stelle deine Arbeit vor.

Es gibt auch politische Karten.

Landschaften auf Karten

Unten siehst du Karten, die verschiedene Landschaften zeigen.
Du siehst darauf Orte, Verkehrswege, Wälder und Wiesen, Flüsse und Seen.
Berge und Täler kannst du auch gut erkennen, da die Oberfläche plastisch dargestellt ist.

(1) Beschreibe die Landschaft anhand der Karten.

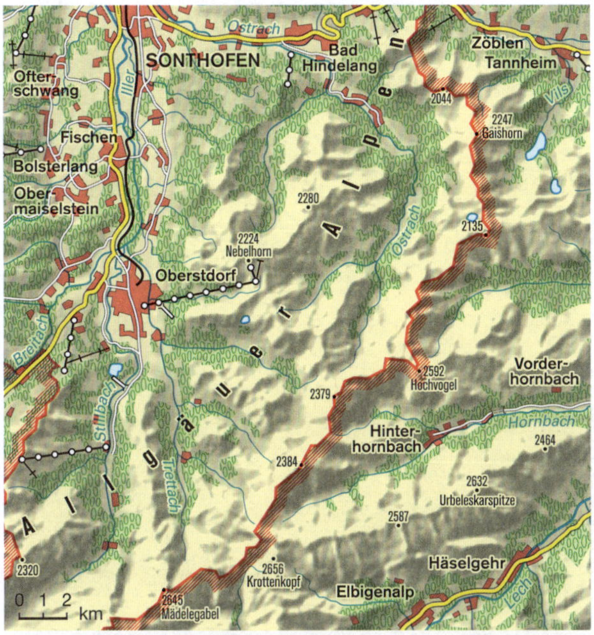

(2) Welche der beiden Landschaften würdest du für eine Radtour wählen? Begründe.

Einen Ort erkunden

(1) Welche Plätze deines Wohnortes findest du besonders wichtig?

____

____

____

____

(2) Einigt euch auf gemeinsame Ziele für einen Rundgang. Bringt die Ziele mithilfe einer Karte in eine sinnvolle Reihenfolge.

☐ ________________________	☐ ________________________
☐ ________________________	☐ ________________________
☐ ________________________	☐ ________________________
☐ ________________________	☐ ________________________

(3) Fertige eine Kartenskizze auf einem extra Blatt an. Trage eure Tour ein.

(4) Welche Hilfen zur Orientierung möchtest du außerdem nutzen? Kreuze an.

☐ Ortsplan

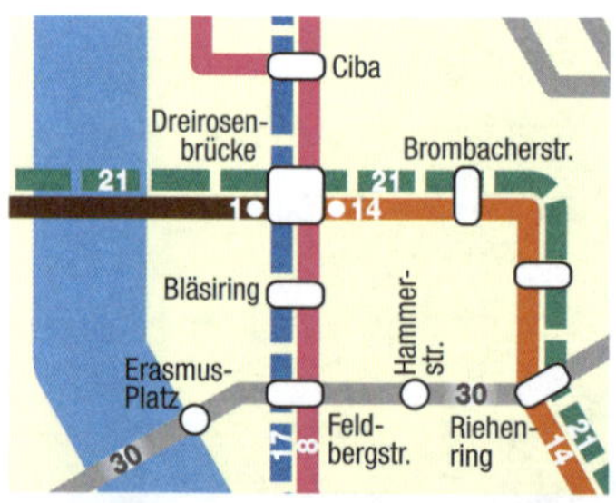

☐ Verkehrsnetzplan

☐ Kompass

☐ Navigationsgerät

(5) Welche Sehenswürdigkeit möchtest du gerne vorstellen? ____________________

Mich tragen Schusters Rappen.

Ich bin grad unterwegs ...

Unterwegs sein kannst du mit ganz unterschiedlichen Verkehrsmitteln.

1 Ergänze die Bilder mit einem Verkehrsmittel, das du schon genutzt hast.

2 Jedes Verkehrsmittel hat Vorteile und Nachteile. Ergänze die Tabelle.

Verkehrsmittel	Vorteile	Nachteile
Rollerskates	schont die Umwelt kann man mitnehmen	langsam nur für eine Person
Flugzeug		
Bahn		

Mein Fahrrad ist verkehrssicher

Du möchtest mit deinem Fahrrad unterwegs sein?
Dafür muss dein Fahrrad verkehrssicher sein.
Manche Fahrradteile sind vorgeschrieben.

1. Die Bilder auf Seite 87 zeigen die Teile für ein verkehrssicheres Fahrrad. Schneide sie aus und lege sie zu den passenden Begriffen. Besprecht die Zuordnungen. Klebe dann.

rotes Rücklicht

roter Großrückstrahler

zwei Bremsen, die unabhängig voneinander wirken

hell tönende Klingel

kleiner, roter Rückstrahler

weißer Frontscheinwerfer

Pedale mit Rückstrahlern nach vorne und hinten

Seitenreflektoren

weißer Reflektor vorne

Im Frühjahr ist ein guter Zeitpunkt, dein Fahrrad zu putzen und zu kontrollieren, ob alles funktioniert.

2. Betrachtet ein Fahrrad. Was muss alles kontrolliert werden, ob es funktioniert? Sammelt Vorschläge. Erstellt daraus eine Liste: der Fahrrad-Check.

Sicher im Sattel

Radfahren kann doch jeder? Du musst eine Menge Dinge können, um dich sicher im Verkehr zu bewegen.

1. Betrachtet zu zweit die Bilder. Ergänzt eine Situation.
Schreibt rechts in Stichpunkten, was ihr als Radfahrer können müsst.

1

2

3

4

2. Plant zu zweit eine Übungsstrecke für euren Schulhof. Fertigt eine Skizze auf einem extra Blatt an. Diskutiert in der Klasse, was ihr umsetzen möchtet.

3. Bildet drei Gruppen. Informiert euch jeweils über einen der Punkte:
A das Anfahren am Fahrbahnrand B das Vorbeifahren an einem Hindernis
C das Linksabbiegen. Erstellt eine Anleitung, und stellt sie vor. → S. 6/7

Achtung: Vorfahrt!

Ampeln regeln die Vorfahrt, klar! Wenn aber keine Ampeln vorhanden sind, können Verkehrszeichen die Vorfahrt festlegen.

(1) Lege die Verkehrszeichen von Seite 87 zu den passenden Erklärungen. Sprecht über eure Zuordnungen, klebe sie dann auf.

Halt! Vorfahrt gewähren!	Vorfahrt gewähren!	Vorfahrt an der nächsten Kreuzung	Vorfahrtsstraße

Sämtliche Verkehrszeichen sind in der Straßenverkehrsordnung (Abkürzung: StVO) erklärt. Darin steht auch, wie du dich in Deutschland im Verkehr richtig verhältst.

(2) Lest den Text aus der Straßenverkehrsordnung. Erzählt ihn in eigenen Worten nach.

(3) Sammelt Fragen zur Straßenverkehrsordnung. Wen könntet ihr dazu interviewen? → **S. 8/9**

An Kreuzungen und Einmündungen hat die Vorfahrt, wer von rechts kommt. Das gilt nicht

- wenn die Vorfahrt durch Verkehrszeichen besonders geregelt ist.
- für Fahrzeuge, die aus einem Feld- oder Waldweg auf eine andere Straße kommen.

patria, watan, homeland

Meine Heimat – deine Heimat

(1) Lest, was für andere Heimat bedeutet. Sprecht darüber.

(2) Spielt in Gruppen „Ich packe in unsere Heimat-Kiste“. Das erste Kind nennt etwas, was es mit Heimat verbindet. Das kann ein Mensch sein, ein Fest, ein Essen … Das nächste Kind wiederholt den Satz und ergänzt ein Wort. Und so weiter. Malt eure Heimat-Kiste. Stellt sie den anderen vor.

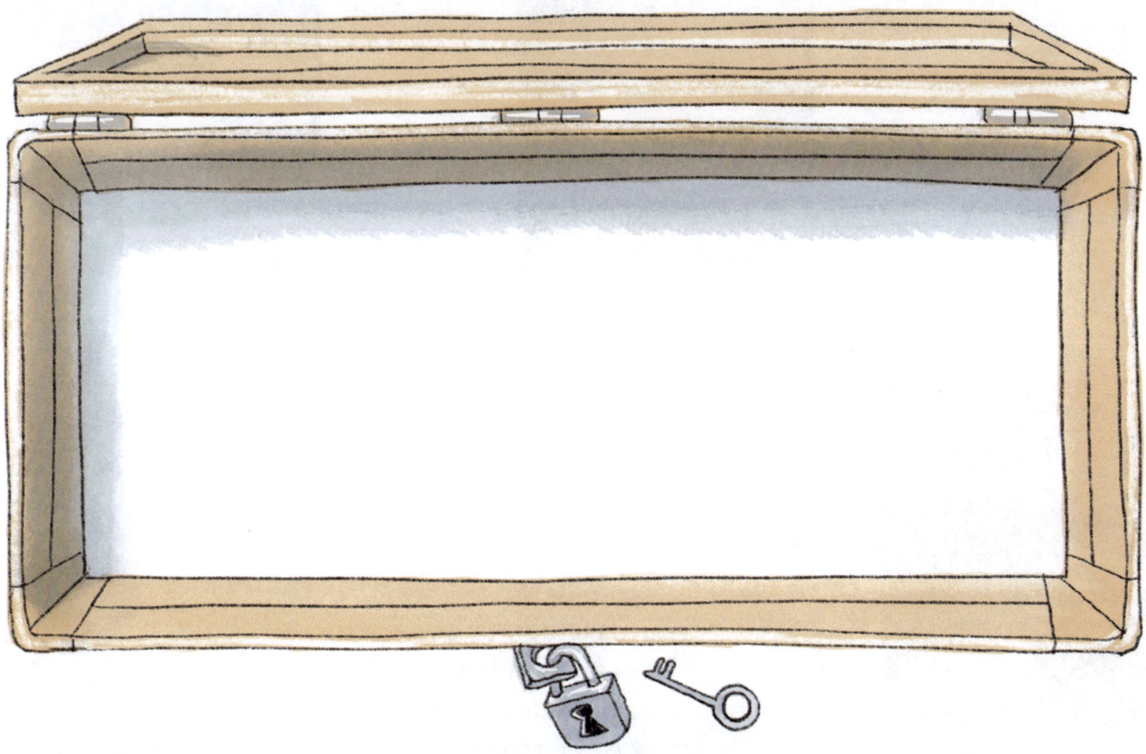

(3) Wann hast du dich schon einmal fremd gefühlt? Male oder schreibe es auf ein Blatt. Heftet alle Blätter eurer Klasse in einen Hefter. → S. 3

Werte sind verschieden

Für jeden Menschen sind andere Dinge bedeutsam.
Das sind seine Werte.

1. Lies, was die Kinder aus verschiedenen Ländern über Pünktlichkeit sagen.
2. Ergänze, was du über Pünktlichkeit denkst.
3. Du findest weitere Werte um die Weltkugel geschrieben.
   Befrage andere Menschen zu einem Wert.
   Stelle dein Ergebnis vor.

Bei meiner Oma bin ich auf die Minute pünktlich. Sie macht sich schnell Sorgen. Woanders komme ich schon mal zehn Minuten später.

Wenn du in Brasilien eingeladen bist, komme auf jeden Fall eine halbe Stunde später. Sonst ist das für den Gastgeber unangenehm.

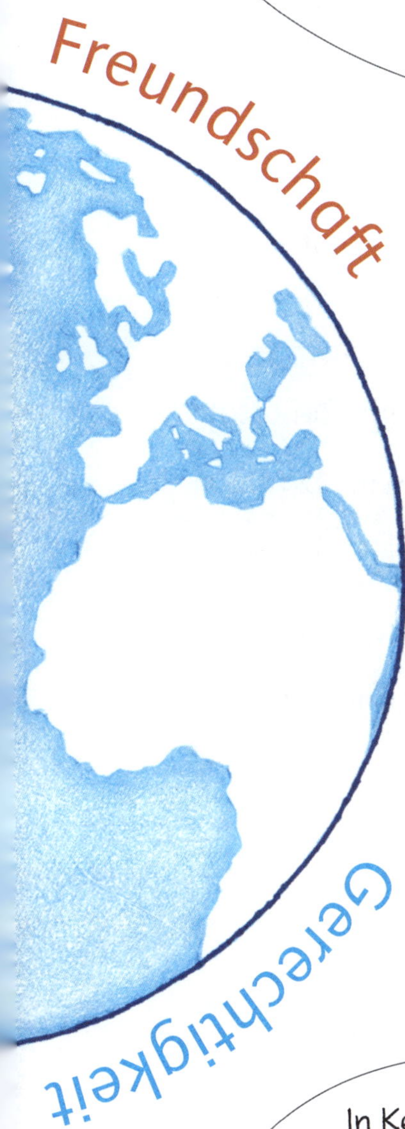

In Japan wird großen Wert auf Pünktlichkeit gelegt. Du bist pünktlich, wenn du fünf bis zehn Minuten vor dem Termin erscheinst.

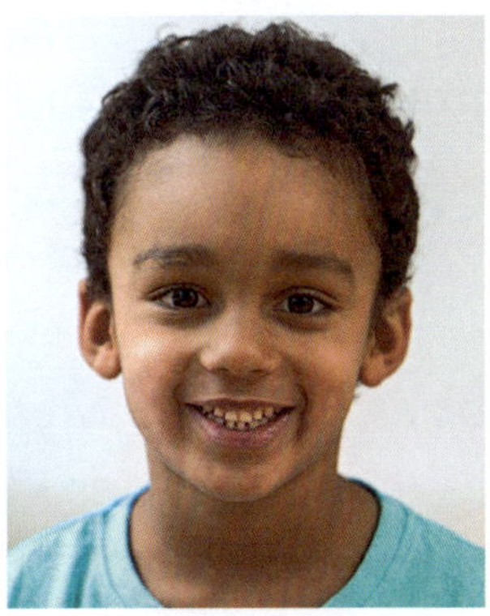

In Kenia verabreden wir uns nicht „um" 10 Uhr, sondern „gegen" 10 Uhr. Auch wenn du eine Stunde später erscheinst, wir nennen es nicht Verspätung.

Denke pünktlich an die Schnippelecke.

Die Menschenrechte

Jeder Mensch hat Rechte – einfach nur, weil er ein Mensch ist. Zum Beispiel darf niemand benachteiligt werden. Jeder darf seine Religion leben und hat ein Recht auf Bildung, aber auch Arbeit, Nahrung und bestmögliche Gesundheit sind Menschenrechte. Fast alle Staaten haben die Menschenrechte anerkannt. Trotzdem werden sie nicht immer geschützt.

(1) Lies den Text über Nawin. Unterstreiche, wenn seine Menschenrechte verletzt werden.

Nawin ist aus seiner Heimat geflohen. Er durfte dort seine Religion nicht mehr ausüben. Schlimme Kämpfe haben viele Häuser in Nawins Dorf zerstört. Die Kinder konnten deshalb nicht in die Schule gehen. Nawin und seine Familie haben dabei ihre Wohnung verloren. Bei den Kämpfen wurden viele Menschen verletzt. Für sie hat es kaum Ärzte gegeben. Wegen der Zerstörungen sind außerdem die Lebensmittel knapp geworden. Besonders die Kinder haben unter dem Hunger gelitten.

(2) Welche Gründe gibt es, weshalb Menschen ihre Heimat verlassen? Schreibe auf und diskutiere mit der Klasse.

Kinder als Flüchtlinge

Auch viele Kinder müssen ihre Heimat verlassen – manche sogar ohne ihre Eltern.

1. Stelle dir vor, du musst deine Heimat verlassen. Du kannst nur sechs Dinge mitnehmen. Schreibe oder male sie in die Waggons.

2. Du musst dich von fünf Dingen trennen. Streiche sie durch. Wie fühlst du dich dabei? Sprecht darüber.

3. Was braucht ein Kind, um in der neuen Heimat gut leben zu können? Male es dazu. Diskutiere mit der Klasse.

Training Die Kinderrechte

Kinder brauchen besonderen Schutz – und besondere Rechte: die Kinderrechte. Damit die Kinderrechte möglichst für alle Kinder gelten, haben Politiker 1989 einen Vertrag geschlossen. Er heißt Kinderrechtskonvention.

(1) Sprecht über die zehn Symbole.

(2) Finde zu einem der Kinderrechte Informationen im Internet. → S. 12/13

(A) Dieses Kinderrecht möchte ich vorstellen: ______________________

____

(B) Mit diesen Stichwörtern gehe ich auf die Suche: ______________________

____

(C) Diese Suchmaschine nutze ich: ______________________

(D) Diese Quellen möchte ich nutzen:

____

____

____

(3) Gestalte eine Bügelfahne zu deinem Kinderrecht. Stelle sie vor.

Schau vorne im Heft nach der Bügelfahne.

Online unterwegs

(1) Mithilfe von Smartphone, Tablet und Computer kannst du unterschiedliche Angebote nutzen. Vervollständige den Cluster. Wenn du Hilfe benötigst, findest du Begriffe auf Seite 87.

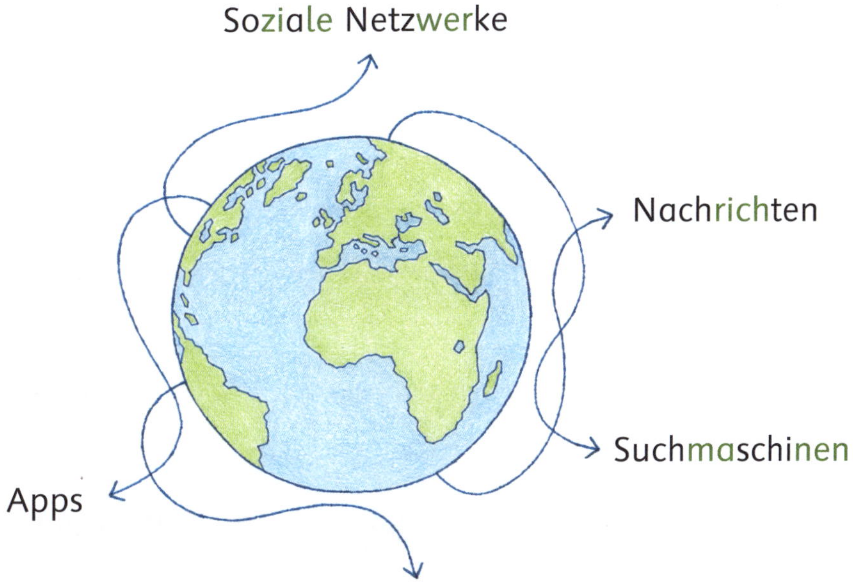

(2) Welche Vorteile haben Online-Angebote? Betrachtet die Abbildungen und diskutiert darüber. Haltet eure Ergebnisse fest.

Schütze dich und andere

Das Urheberrecht schützt Fotos, Texte, Filme oder Musik. Diese Werke gehören dem Menschen, der sie geschaffen hat. Andere müssen ihn um Erlaubnis fragen und häufig für die Nutzung bezahlen. Persönlichkeitsrechte schützen alle Menschen. So darf man zum Beispiel ohne Erlaubnis kein Foto von einer Person veröffentlichen. Persönliche Informationen wie Telefonnummer oder Adresse dürfen ebenfalls nicht weitergegeben werden.

(1) Färbe verbotene Handlungen mit roter Farbe ein.
Die Buchstaben der roten Felder ergeben ein Wort:

___ ___ ___ ___ ___

A
Ich verschicke mein Selfie.

S
Ich kopiere meinen Freunden die ersten Kapitel eines neuen Buches.

T
Auf einem Videoportal lade ich mein Lieblingslied hoch.

O
Mein Profilbild zeigt meine beste Freundin und mich.

E
Mein Urlaubsfoto vom Eiffelturm versende ich via Messenger.

P
In mein Online-Profil kopiere ich ein Foto meines Lieblingsstars. Dieses habe ich im Internet gefunden.

P
Ich verschicke das Klassenfoto per Rundmail an meine Freunde.

(2) Wobei handelt es sich um Daten, die geschützt werden müssen? Kreuze an.

Farbe des Fahrrads	○	E-Mail-Adresse	○
Schuhgröße	○	Zeugnisnoten	○
Turnschuhmarke	○	Hobbys	○
Geburtsdatum	○	Fernsehprogramm	○

Findest du im Internet Unerlaubtes?

(3) Mit einem Profil kann sich jeder im Internet vorstellen. Manche Informationen sind jedoch sehr privat. Sie sollten nicht öffentlich werden. Erstelle in dem Bildschirm unten ein Profil, das dich schützt und niemanden verletzt. Sprecht über die Profile.

Hier kann die eigene Person dargestellt werden, das kann eine Zeichnung, ein Symbol oder ein Gegenstand sein, der zu dir passt.

Im Profilbanner steht ein Spruch oder ein Bild, das du magst.

Im Textfeld ist Platz für Hobbys, das Lieblingsfach oder Musikvorlieben.

(4) Stellt Regeln zum sicheren Umgang mit privaten Informationen im Internet auf. Haltet sie auf einem Plakat fest.

Meine Daten gehören mir.

1.

2. …

(5) Versuche einen Tag lang, keine digitalen Spuren zu hinterlassen. Diskutiere deine Erfahrungen in der Klasse.

Vernetzen ohne verletzen

1 Medien können krank oder sogar süchtig machen.
Schreibe dazu neben die Bilder.

2 Immer wieder halten sich Menschen im Internet nicht an Regeln im Umgang miteinander.
Welche Fälle von Cybermobbing kennst du?

3 Was kannst du tun, wenn du im Internet gemobbt wirst? Verfasse einen Flyer, der Betroffenen helfen soll. Nutze die vorgegebenen Wörter.

Täter sperren | ignorieren | Beweise sichern | Anbieter kontaktieren | Screenshots | Polizei | sich einem Erwachsenen anvertrauen

Es gibt Regeln beim Umgang mit Feuer.

Kerzen untersuchen

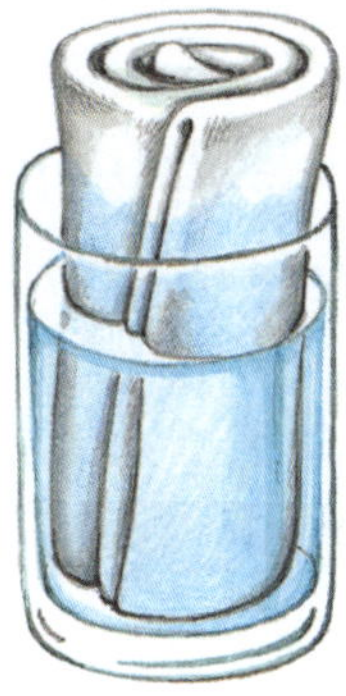

1. Zerlege ein Teelicht in seine Bestandteile und untersuche sie genau. Jeder Bestandteil hat eine wichtige Aufgabe. Diskutiert darüber. Beim Docht kann euch das Bild weiterhelfen. Vervollständige die Tabelle.

Bestandteil	Aufgabe
das Wachs	
der Docht	
der Dochthalter	
die Hülle	

2. Betrachte eine Kerzenflamme genau. Unterscheide darin verschiedene Kerzenzonen. Male sie in den passenden Farben aus.

3. Sind alle Kerzenzonen gleich heiß? Zieht dafür ein Holzstäbchen durch die Kerzenflamme. Sprecht darüber.

Ein Feuer entsteht

(1) Damit ein Feuer entstehen kann, müssen drei Voraussetzungen erfüllt sein. Finde diese Voraussetzungen mit den folgenden Experimenten heraus. Schreibe die passende Voraussetzung unter jedes Experiment. → S. 14/15

Entzündungswärme | Strom | Sauerstoff | Brennstoff | Wind

!

A Frage: Lässt sich mit allen Stoffen ein Feuer machen?

Vermutung: ______________________________

Durchführung:

Stoff	Vermutung	Beobachtung
Glas		
Papier		
Holz		
Alufolie		
Baumwolle		

Erklärung: Ohne ______________________________ kein Feuer.

Löst sich das Streichholz beim Abbrennen auf?

!

B Frage: Muss die Flamme den Brennstoff berühren, um ihn zu entzünden?

Vermutung: ____________________

Durchführung:

Nähere dein Streichholz vorsichtig der Teelichtflamme, ohne diese zu berühren.

Beobachtung:

____

____

Erklärung: Ein Feuer benötigt ____________________.

C Frage: Was benötigt ein Feuer?

Vermutung: ____________________

Durchführung:

Stülpe die Gläser über die Teelichter.

	Vermutung	Beobachtung
Teelicht 1		
Teelicht 2		
Teelicht 3		

Erklärung: ____________________ hält Feuer am Brennen.

Feuer löschen

An den Seiten eines Verbrennungsdreiecks stehen die drei Voraussetzungen für Feuer. Um ein Feuer zu löschen, musst du ihm eine der Voraussetzungen entziehen.

1 Welche Voraussetzung wird dem Feuer entzogen? Schreibe unter die Fotos.

2 Lösche ein brennendes Teelicht.

Löschmittel	entfernte Brandbedingung

3 Finde weitere Löschmittel mithilfe des Internets. → S. 12/13

Rauchmelder gehören in jede Wohnung.

Richtiges Verhalten im Notfall

1 Welche Schutzmaßnahmen kannst du ergreifen, um den Ausbruch eines Feuers zu verhindern?

Ursachen	Schutzmaßnahmen
	______ ______
	______ ______
	______ ______

Kommt es dennoch zu einem Brand, muss er schnell gemeldet und gelöscht werden, um den Schaden möglichst gering zu halten.

2 So setzt du einen Notruf richtig ab. Vervollständige ihn.

1. Die Feuerwehr anrufen
2. ______ spricht?
3. ______ ist passiert?
4. ______ brennt es?
5. Gibt es Verletzte?
6. Warte auf Rückfragen der Feuerwehr.

3 Übt zu zweit das Absetzen eines Notrufes im Rollenspiel. Stellt euer Ergebnis der Klasse vor.

Training Was passiert mit der Kerze?

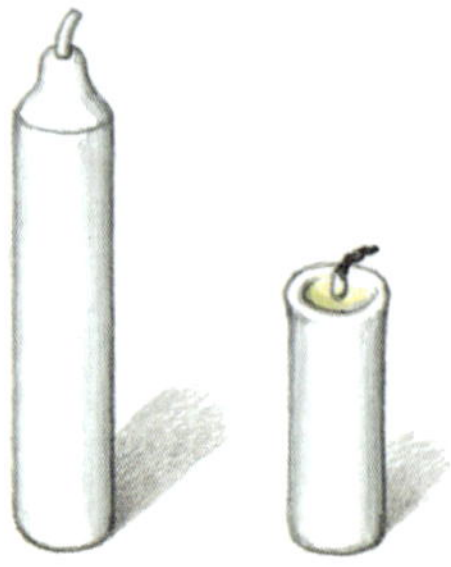

1. Betrachte das Bild. Welche Frage von Seite 87 passt dazu? Klebe sie in das Versuchsprotokoll.

2. Führe das folgende Experiment durch. Erstelle dabei ein Versuchsprotokoll. → S. 14/15

Frage:

Vermutung: (Tipp: Kennst du Stoffe, die einfach verschwinden? Kennst du Stoffe, die sich in etwas anderes umwandeln?)

Durchführung:

Beobachtung: (Tipp: Konzentriere dich ganz auf das Beobachten. Schreibe erst dann. Beschreibe nur, bewerte nicht, was du siehst.)

Erklärung: (Tipp: Was könnte das bedeuten, was du beobachtest hast?)

Das Wachs

Wetter hat auch Energie.

Energie ist überall

Energie spielt in unserem Leben eine wichtige Rolle.
Wir brauchen Energie als Strom und auch in Form von Wärme und Treibstoff. Manche Energiequellen sind endlich. Das heißt, sie werden irgendwann aufgebraucht sein.
Unendliche Energiequellen lassen sich immer wieder herstellen.

1 Beschrifte die Energiequellen, und umrahme sie mit der passenden Farbe.

2 Wie kannst du die Nutzung endlicher Energie zu Hause, in der Schule und unterwegs sparen? Sammelt Ideen, und fertigt eine Liste an.

Wir bauen einen Solarofen

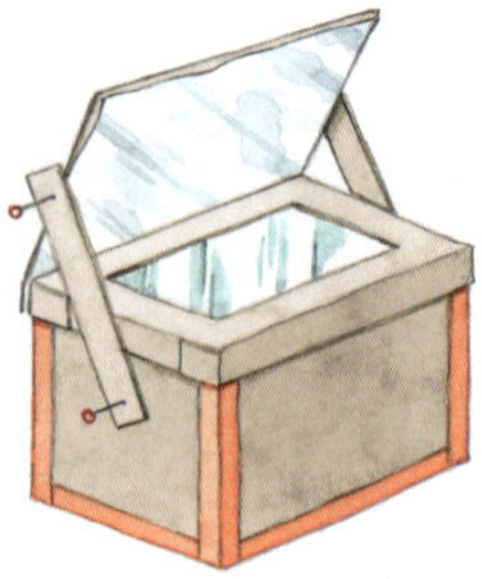

Mit einem Solarofen kannst du kochen und backen.
Er kann eine Temperatur von bis zu 120 °C erreichen.

(1) Baut in Kleingruppen einen Solarofen.

Materialien: kleiner Karton, großer Karton, Gewebeband, Isolierklebeband, Verglasungsfolie, Alufolie, Zeitungen, leere Toilettenrollen, schwarze Farbe, Pinsel, Schere, Klebstoff, Bleistift, Lineal, Stecknadeln

So geht ihr vor:

	Dichtet alle Kartonkanten mit Gewebeband ab.
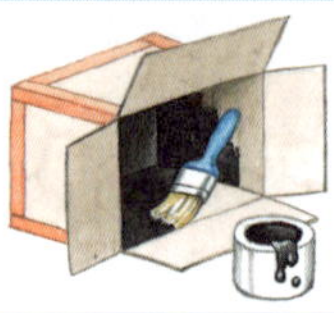	Färbt den kleinen Karton innen schwarz.
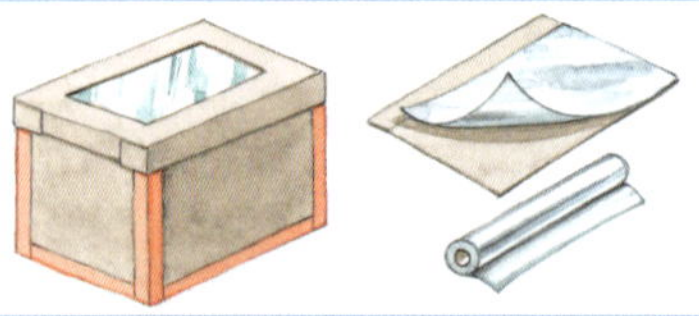	Beklebt den Deckel des großen Kartons mit Alufolie.
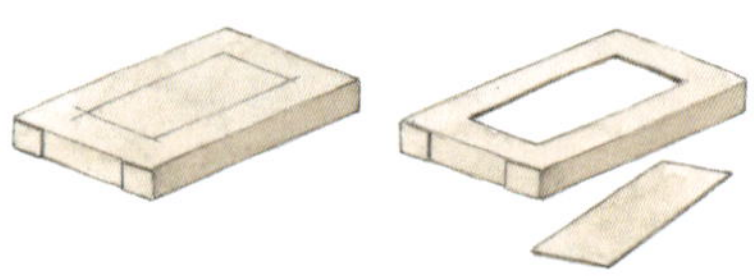	Zeichnet auf dem Deckel des kleinen Kartons ein Rechteck mit ca. 2 cm Abstand zum Rand auf, und schneidet dieses heraus.
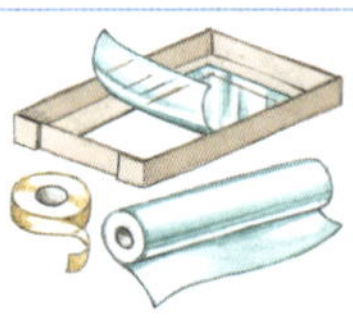	Klebt von beiden Seiten Verglasungsfolie am Rand des Deckels fest. Die innere Verglasungsfolie wird noch mit Isolierband fixiert.
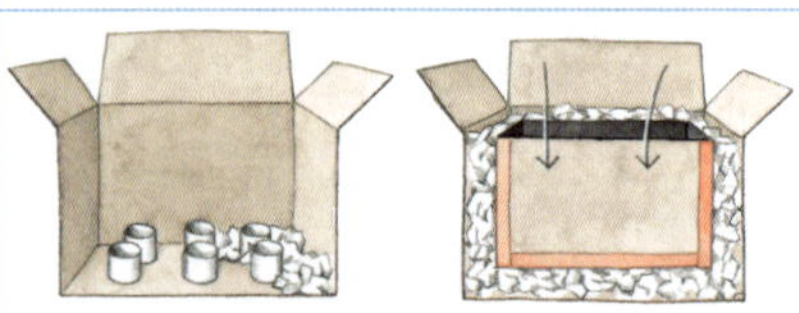	Klebt Klorollen auf den Boden der großen Kiste. Legt den Boden mit zerknülltem Zeitungspapier aus. Stellt die kleine Kiste darauf.
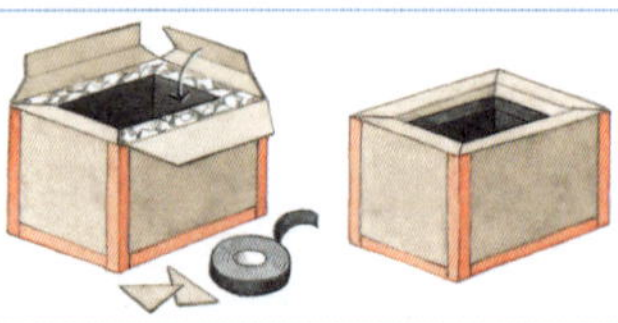	Stopft alle Zwischenräume mit Zeitungspapier aus. Klebt die Kanten zu.
Richtet den Deckel des großen Kartons zur Sonne aus. Bringt aus Kartonresten mit Stecknadeln einen Arm an beiden Seiten an.	

(2) Probiert euren Solarofen an einem sonnigen Platz aus.
Besprecht, wie der Ofen funktioniert.

Elektrizität ist nützlich

Elektrizität kann Wärme, Licht oder Bewegung erzeugen.

(1) Welche elektrischen Geräte nutzt du häufig?
Wozu brauchst du sie? Tauscht euch aus.

(2) Verbinde die Geräte mit der passenden Wirkung.
Manchmal kannst du auch mehrfach verbinden.

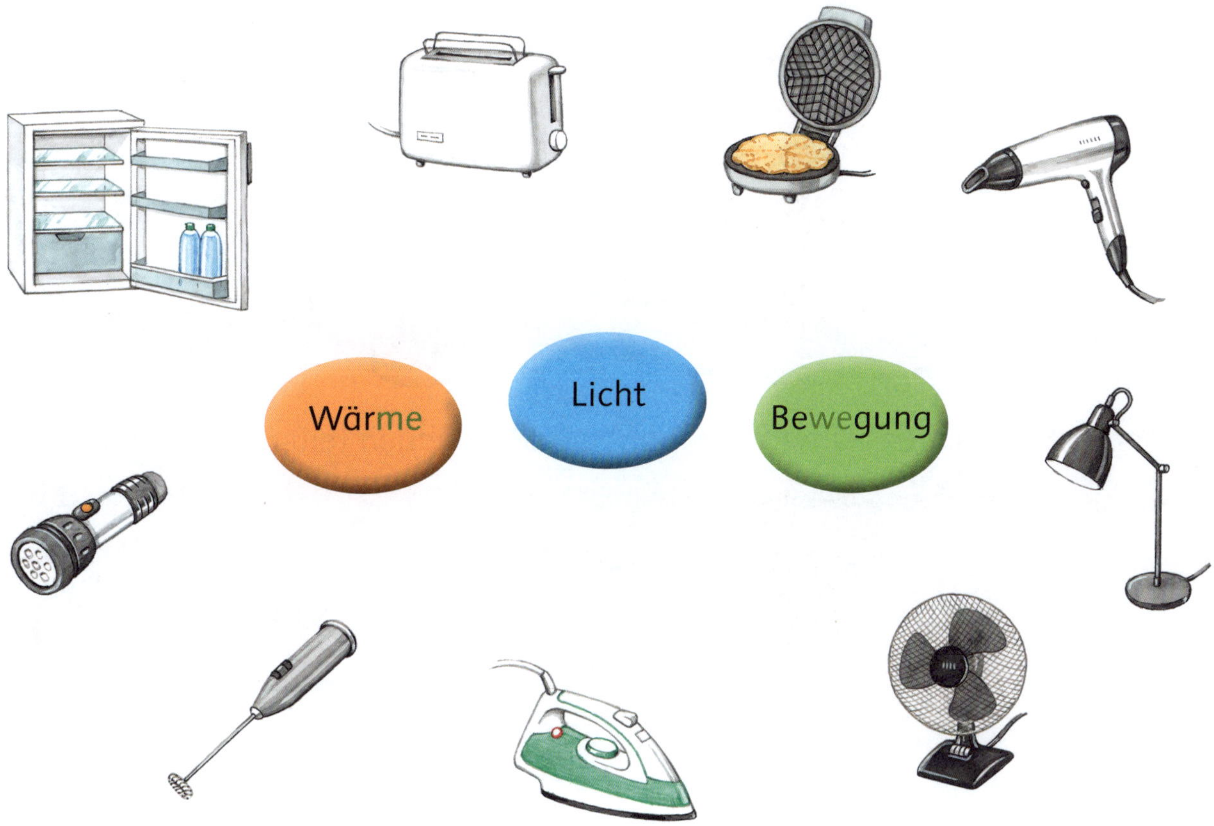

(3) „Elektrische Geräte sind uns immer eine große Hilfe."
Stimmt dieser Satz? Begründe deine Antwort.

____

____

____

____

____

Elektrischer Strom

Hier fließt elektrischer Strom von einer Stromquelle, der Batterie, durch eine Leitung zu einer Lampe. In der Lampe wird elektrische Energie in Licht umgewandelt. Die Lampe leuchtet. Von dort fließt der Strom durch eine zweite Leitung zurück zur Stromquelle. Strom fließt, wenn dieser Kreis geschlossen ist.

1. Lies den Text. Beschrifte dann die Zeichnung mithilfe der Wörter.
2. Betrachte den Stromkreis. Beschrifte ihn.

Leitung | Stromquelle | Lampe | Leitung

3. Manche Materialien leiten Strom, andere Materialien leiten den Strom nicht. Überprüfe.

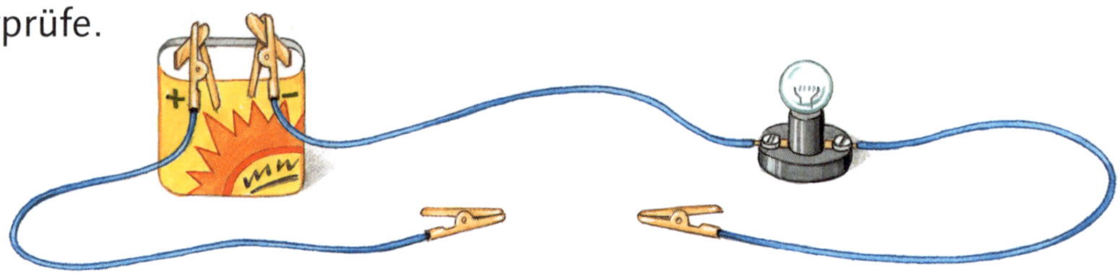

Gegenstand	Vermutung		Beobachtung	
	Leiter	Nichtleiter	Leiter	Nichtleiter
Nagel				
Alufolie				
Lineal				
Büroklammer				
Füller				

Gegenstände aus ______________________ leiten Strom besonders gut.

Arbeit mit Karten

Auf den nächsten Seiten befinden sich Karten, die Deutschland abbilden. Zuerst findest du drei physische Karten: Norddeutschland, Mitteldeutschland und Süddeutschland.

Die politische Karte von ganz Deutschland zeigt die Bundesländer mit ihren Landeshauptstädten.

In einer Legende sind die Zeichen erklärt, die du auf einer Karte findest. Das können Zeichen für Orte, Gewässer oder auch Grenzen sein.

Die Legende hilft dir bei den folgenden Aufgaben.

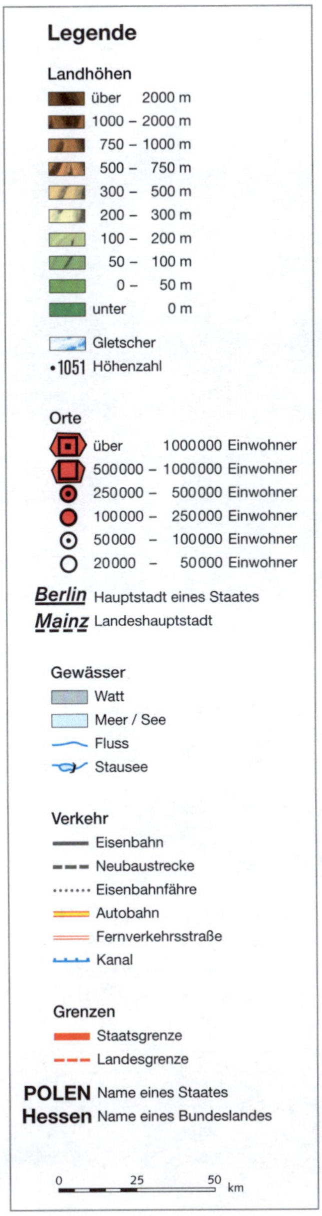

(1) Suche auf den drei physischen Karten jeweils einen Berg. Wie heißt der Berg? Wie hoch ist er?

Berg in Norddeutschland:

______________________ Höhe: ________

Berg in Mitteldeutschland:

______________________ Höhe: ________

(2) Finde in Süddeutschland einen Ort, in dem 50.000 bis 100.000 Menschen wohnen.

Ort in Süddeutschland:

____

(3) Finde in Mitteldeutschland einen Fluss, der durch einen Ort fließt.

Der Fluss ______________________ fließt

durch den Ort ______________________

(4) Schreibe für einen Partner eine eigene Suchaufgabe. Tauscht eure Aufgaben.

Norddeutschland

M A R K
Mön
143
Falster
Lolland
Rödbyhavn
27
Gedser
21
Fehmarn
Puttgarden
Ostsee
6
Kap Arkona
161
Sassnitz
Rügen
Darß
Stralsund
Pommersche Bucht
6
Usedom
Wollin
Warnemünde
Rostock
Greifswald
167
Lübecker Bucht
Lübeck
Wismar
Güstrow
Swinemünde
(Świnoujście)
Mecklenburg-Vorpommern
Peene
Neubrandenburg
Stettin
(Szczecin)
Hamburg
Schwerin
179
Geesthacht
Elde
Müritz
Neustrelitz
178
Uckermark
Lüneburg
Elbe
Schwedt
Prignitz
Neuruppin
Uelzen
Havel
Eberswalde
POLEN
Oder
Oderbruch
Elbe-Seitenkanal
Altmark
Stendal
Havel
Berlin
Mittellandkanal
Brandenburg
Potsdam
Frankfurt
Wolfsburg
Brandenburg
Helmstedt
201
Salzgitter
Magdeburg
Fläming
Sachsen-Anhalt
Goslar
Wittenberg
Spree
Cottbus
Harz
1142
Brocken
Wernigerode
Dessau-Roßlau
Schwarze Elster
Niederlausitz
Bode
Elbe
Saale
Mulde
Nordhausen
Halle
Torgau
Hoyerswerda

Mitteldeutschland

Altmark
Stendal
Berlin
Oderbruch
Oder
Havel
Brandenburg
Potsdam
Frankfurt
Brandenburg
Elbe-Seitenkanal
Mittellandkanal
olfsburg
Helmstedt
alzgitter
Magdeburg
201
Fläming
Sachsen-Anhalt
oslar
Wittenberg
Spree
Cottbus
1142
Brocken
Wernigerode
Dessau-
Roßlau
Schwarze Elster
Niederlausitz
Sorau
(Żary)
Bode
Harz
Saale
Elbe
Torgau
Lausitzer Neiße
Nordhausen
Halle
Mulde
Hoyerswerda
Merseburg
Leipzig
Riesa
Bautzen
Oberlausitz
Mühlhausen
Unstrut
Naumburg
Weiße Elster
Sachsen
Meißen
Görlitz
Dresden
Erfurt
Altenburg
Freiberg
Zittau
senach
Weimar
Jena
Elbsandsteingebirge
Thüringen
Gera
Chemnitz
Reichenberg
(Liberec)
Zwickau
Erzgebirge
üringer
982
Wald
Saalfeld
Greiz
Aussig
(Ústí nad Labem)
ngen
Suhl
Plauen
Brüx
(Most)
1214
Fichtelberg
Komotau
(Chomutov)
Vogtland
Keilberg
1243
Frankenwald
Eger
Hof
TSCHECHISCHE
Coburg
Karlsbad
(Karlovy Vary)
Kladno
Eger
(Cheb)
Prag
(Praha)
chweinfurt
Main
Fichtelgebirge
1051
983
Bayreuth
Beraun
Bamberg
Oberpfälzer Wald
Böhmerwald
Steigerwald
Regnitz
Pilsen
(Plzeň)
Brdywald
Příbram
Fränkische Alb
Weiden
Naab
Erlangen
REPUBLIK
Moldau (Vltava)
Nürnberg
Fürth
652
1039
Klattau
(Klatovy)
Písek

Süddeutschland

Saalfeld
Thüringer Wald
Suhl
982
Greiz
Plauen
Vogtland
Erzgebirge
1214 Fichtelberg
Keilberg 1243
Brüx (Most)
Komotau (Chomutov)
Elbe
Saale
Frankenwald
Hof
Coburg
Eger
TSCHECHISCHE
Karlsbad (Karlovy Vary)
Kladno
Eger (Cheb)
983
Prag (Praha)
Main
Fichtelgebirge
1051
Bayreuth
Bamberg
Oberpfälzer Wald
Beraun
Böhmen
Brdywald
Příbram
Regnitz
Erlangen
Weiden
Naab
Pilsen (Plzeň)
REPUBLIK
Moldau (Vltava)
Nürnberg
Fürth
652
Fränkische Alb
1039
Klattau (Klatovy)
Písek
Böhmerwald
Regen
Großer Arber 1456
Bayerischer Wald
Budweis (České Budějovice)
Regensburg
Bayern
Altmühl
1121
Moldau
Straubing
1378 Plöckenstein
Ingolstadt
Donau
Isar
Passau
Mühlviertel
Lech
Landshut
Augsburg
Freising
Inn
Linz
München
Wels
801
Traun
Salzach
Chiemsee
Rosenheim
Kaufbeuren
Salzburg
2523
Salzkammergut
Bayerische Alpen
2713
Salzburger Alpen
Dachstein 2995
Enns
Garmisch-Partenkirchen
Zugspitze 2962
2941
Innsbruck
2863
Niedere Tauern
3038
ÖSTERREICH
Hohe Tauern
Mur

Politische Karte

Lernspuren (1)

Miteinander

Ich berichte von einer Neuerung an meiner Schule.	O	O	O
Ich nenne Regeln für den Klassenrat.	O	O	O
Ich verzichte auf Schimpfwörter.	O	O	O
Ich nenne Verhaltensregeln für einen Streitschlichter.	O	O	O
Ich löse einen Konflikt im Rollenspiel.	O	O	O

Es wächst und grünt

Ich plane eine Ausstellung.	O	O	O
Ich finde Stichpunkte zu den Aufgaben des Waldes.	O	O	O
Ich erstelle einen Steckbrief.	O	O	O
Ich benenne Körperteile eines Vogels.	O	O	O
Ich beschreibe Möglichkeiten, den Wald zu schützen.	O	O	O

Lernspuren (2)

Weißt du noch? Fülle so aus:
Das fällt mir
○ leicht ○ mittel ○ schwer

Hier wird gebaut

Ich beschreibe, wie Glas recycelt wird.	○	○	○
Ich unterscheide Ehrenamt und Beruf.	○	○	○
Ich erstelle eine Bastelanleitung.	○	○	○
Ich plane den Bau eines Fahrzeugs.	○	○	○
Ich verbessere meine Konstruktion.	○	○	○

Zeit vergeht

Ich unterscheide zyklische und lineare Abläufe.	○	○	○
Ich führe ein Interview durch.	○	○	○
Ich male eine Schule der Zukunft.	○	○	○
Ich plane einen Ausflug.	○	○	○
Ich lese einen Zeitungsartikel.	○	○	○

www.bienenhotel.de

Lernspuren (3)

Das bin ich

Ich erstelle ein Säulendiagramm.	○	○	○
Ich benenne körperliche Veränderungen.	○	○	○
Ich stelle Fragen über die Pubertät.	○	○	○
Ich benenne weibliche und männliche Geschlechtsorgane.	○	○	○
Ich sage „nein“, wenn ich eine Berührung nicht möchte.	○	○	○

Tieren auf der Spur

Ich fertige eine Sachzeichnung an.	○	○	○
Ich erstelle und ergänze einen Cluster.	○	○	○
Ich informiere mich über die Bienenkönigin oder die Drohne.	○	○	○
Ich erschließe die Vorteile der Wabenform mithilfe eines Modells.	○	○	○
Ich beurteile Landschaften.	○	○	○

Unterwegs

Ich ordne Maßstäbe zu.	○	○	○
Ich erkenne die Form eines Berges anhand von Höhenlinien.	○	○	○
Ich benenne Vorteile und Nachteile von Verkehrsmitteln.	○	○	○
Ich nenne die Teile, die ein Fahrrad verkehrssicher machen.	○	○	○
Ich erkläre Regeln zur Vorfahrt.	○	○	○

Lernspuren (4)

Ich mach mit!

Ich spreche über den Begriff Heimat. ○ ○ ○

Ich befrage andere Menschen über Werte. ○ ○ ○

Ich nenne Gründe, weshalb Menschen ihre Heimat verlassen. ○ ○ ○

Ich versetze mich in die Lage, auf der Flucht sein zu müssen. ○ ○ ○

Ich informiere mich über ein Kinderrecht. ○ ○ ○

Medien

Ich nenne Vorteile von Online-Angeboten. ○ ○ ○

Ich unterscheide verbotene von erlaubten Handlungen im Internet. ○ ○ ○

Ich benenne Daten, die ich schützen muss. ○ ○ ○

Ich nenne Gefahren beim Umgang mit dem Internet. ○ ○ ○

Ich gebe Tipps, wie man sich bei Mobbing im Internet verhält. ○ ○ ○

Umwelt erforschen

Ich erschließe die drei Bedingungen von Feuer. ○ ○ ○

Ich setze einen Notruf im Rollenspiel ab. ○ ○ ○

Ich unterscheide endliche von unendlichen Energiequellen. ○ ○ ○

Ich beschrifte einen Stromkreis. ○ ○ ○

Ich überprüfe im Experiment, welche Gegenstände Strom leiten. ○ ○ ○

Zum Ausschneiden (1)

Zu Seite 18

Zu Seite 31

Adresse	Weg/Anfahrt	Öffnungszeiten
Karten	Termin festlegen	Eltern informieren

Zu Seite 37

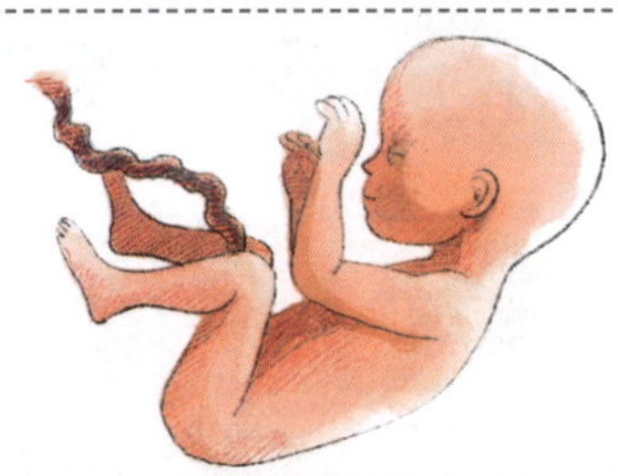

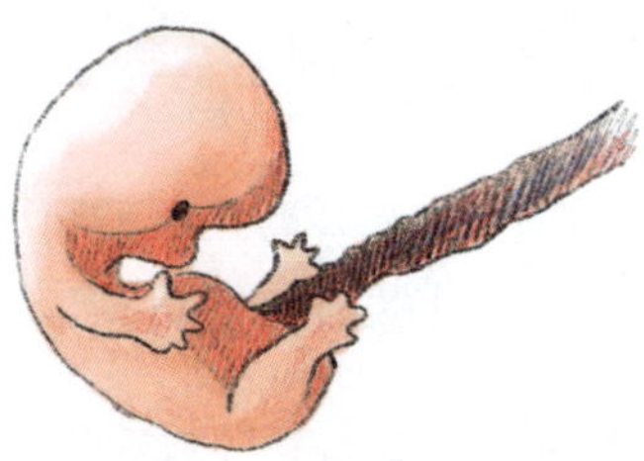

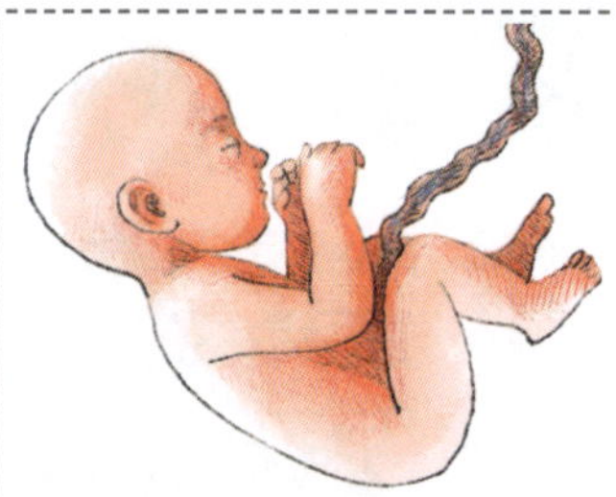

Zum Ausschneiden (2)

Zu Seite 41

Zum Ausschneiden (3)

Zu Seite 43

1 : 500 000	1 : 1 500 000

Zu Seite 48

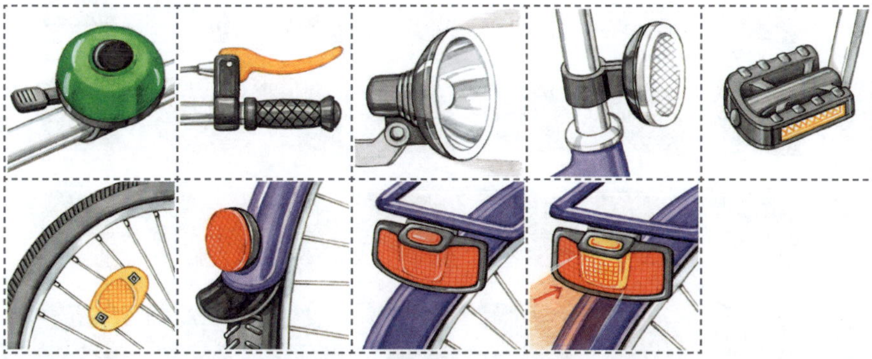

Zu Seite 50

Zu Seite 57

E-Mail	Messenger	helles-koepfchen.de	musical.ly	skype	fragfinn.de
SMS	snapchat	blinde-kuh.de	pinterest	twitter	wechat

Zu Seite 66

Woher haben die Kerzen ihre Farbe?	Wer hat die Flamme gelösch?	Was geschieht mit dem Wachs beim Verbrennen?

Jo-Jo

Sachunterricht 4

Mein Methodenheft

Cornelsen

Inhalt

Einen Hefter anlegen

Was will ich erreichen?

- mehrere Blätter sammeln und geordnet und übersichtlich darbieten

Wie erreiche ich das?

- ○ Ideen für die Gestaltung eines Deckblattes zum Fach sammeln
- ○ Deckblatt gestalten (zeichnen, schreiben, kleben), mit Fach, Name und Klasse beschriften
- ○ Inhaltsverzeichnis als Tabelle mit drei Spalten anlegen: Datum, Überschrift und Seite

Datum	Überschrift	Seite
12.4.	Pflanzaktion	2

Was muss ich beachten?

- Blätter sofort einheften
- Tabelle für das Inhaltsverzeichnis mit Lineal und Bleistift zeichnen
- gelochte Blätter mit passender Lineatur bereithalten

Eine Ausstellung planen

Was will ich erreichen?

- Gegenstände, Bilder und Texte zu einem Thema zusammenstellen, damit andere Menschen sie sich ansehen können

Wie erreiche ich das?

- ○ Thema der Ausstellung festlegen und in kleine Themen gliedern
- ○ überlegen, was man in der Ausstellung präsentieren möchte
- ○ Ausstellungsstücke zusammenstellen:
  - Gegenstände beschaffen
  - Bilder und Texte erstellen
  - Fotos, Filme, Interviews anfertigen oder suchen

○ Stelltafeln und Tische organisieren

○ Anordnung der Ausstellungsstücke überlegen

○ Werbung für die Ausstellung machen

○ Eröffnung der Ausstellung planen

○ Führungen vorbereiten

Was muss ich beachten?

- sich in die Besucher hineinversetzen
- Quellen für Texte und Bilder angeben (Von wem stammt der Text oder das Bild?)
- Leihgaben beschriften

Eine Anleitung erstellen

Was will ich erreichen?

- eine Tätigkeit in Teilschritten beschreiben, sodass sie nachgemacht werden kann

Wie erreiche ich das?

- eine passende Überschrift für die Anleitung finden

- erklärenden Einleitungssatz zur Tätigkeit formulieren

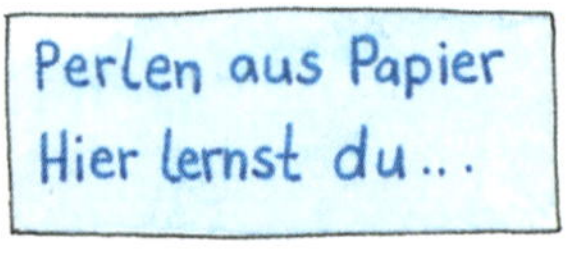

- notwendige Materialien aufzählen

- Tätigkeit in Teilschritte zerlegen
- Teilschritte in der richtigen Reihenfolge verständlich erklären

- Fachbegriffe richtig verwenden und erklären

- bei Bedarf Zeichnungen oder Bilder einfügen

- abschließenden Satz formulieren

Mit mehreren Perlen erhälst du einen schönen Anhänger.
Viel Spaß damit!

Was muss ich beachten?

- durchgängig in der du-Form oder in der man-Form schreiben
- in der Gegenwart schreiben

Ein Interview vorbereiten

Was will ich erreichen?

- in einem Gespräch mit einer ausgewählten Person Informationen zu einem Thema erhalten

Wie erreiche ich das?

- ○ Interviewthema festlegen und Informationen zum Thema sammeln
- ○ geeigneten Interviewpartner suchen

- ○ Fragen zum Thema sammeln
- ○ Fragen in eine sinnvolle Reihenfolge bringen

- ○ Einleitung und Abschluss des Gespräches überlegen
- ○ über das Thema und die Dauer des Interviews informieren

○ Aufzeichnung vorbereiten

○ Interviewpartner treffen und Interview führen

○ bei Unklarheiten nachfragen

Was muss ich beachten?

- Fragen so formulieren, dass nicht nur mit ja oder nein geantwortet werden kann
- freundliche Umgangsformen
- akzeptieren, wenn der Interviewpartner nicht antworten möchte

Eine Sachzeichnung

Was will ich erreichen?

- etwas so zeichnen, dass es auch ohne das Original verstanden wird

Wie erreiche ich das?

- Gegenstand, Lebewesen oder Versuch genau betrachten: den Umriss, Einzelheiten, Besonderheiten

- Zeichnung planen:
  - festlegen, von welcher Seite gezeichnet wird
  - festlegen, was beschriftet werden soll
  - Platz für die Beschriftung einplanen
  - Größe der Zeichnung festlegen
  - eventuell mit Bleistift Hilfspunkte markieren: Wo ist ungefähr die Mitte? Wo beginnen wichtige Elemente? Wo möchte ich starten?

- mit Bleistift skizzieren
- Zeichnung mit passenden Buntstiften ausmalen
- Linien für die Beschriftung ziehen und Fachbegriffe dazuschreiben
- eine Überschrift schreiben

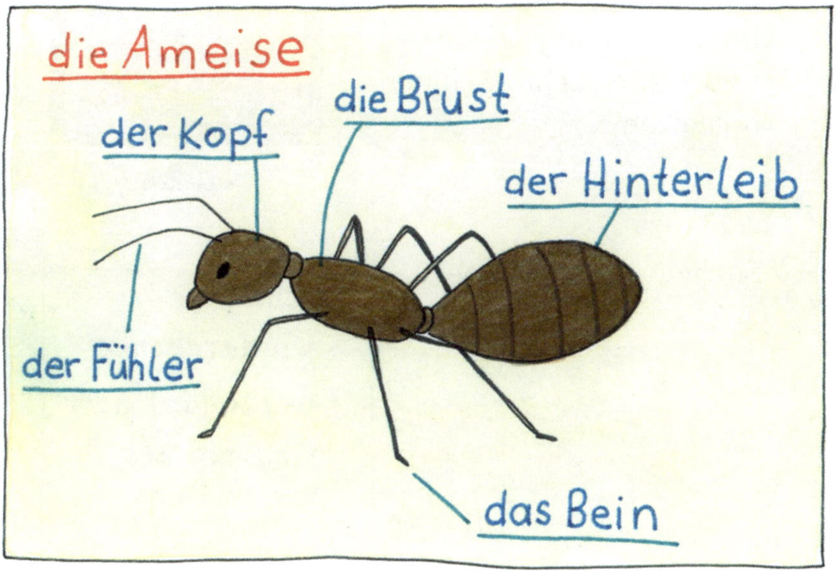

Was muss ich beachten?

- sich Zeit zum Betrachten und zum Planen nehmen
- nicht zu fest mit den Stiften aufdrücken
- Radiergummi bereitlegen

Im Internet recherchieren

Was will ich erreichen?

- zu einem Thema passende Informationen im Internet finden

Wie erreiche ich das?

- am Computer den Internetzugang öffnen und Kindersuchmaschinen anklicken

- Suchwörter bestimmen

- Suchwörter nacheinander in die passende Zeile der Kindersuchmaschine eingeben

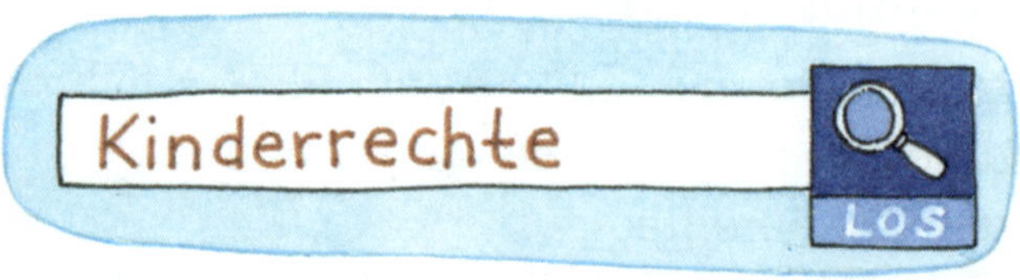

○ Ergebnisse anschauen und einschätzen

○ interessante Links anklicken und lesen

○ Wesentliches notieren oder in eine Datei kopieren

○ Quellenangabe zu den Informationen aufschreiben oder speichern

Was muss ich beachten?

- nur Kindersuchmaschinen nutzen
- nur Texte verwenden, die du verstehen kannst
- Sicherheitshinweise beachten

Ein Versuchsprotokoll schreiben

Was will ich erreichen?

- einen Versuch so beschreiben, dass der Leser ihn versteht, ohne ihn zu kennen

Wie erreiche ich das?

- vor dem Versuch über folgende Punkte des Protokolls nachdenken und sie notieren:

  - Frage

  - Material

  - Vermutung

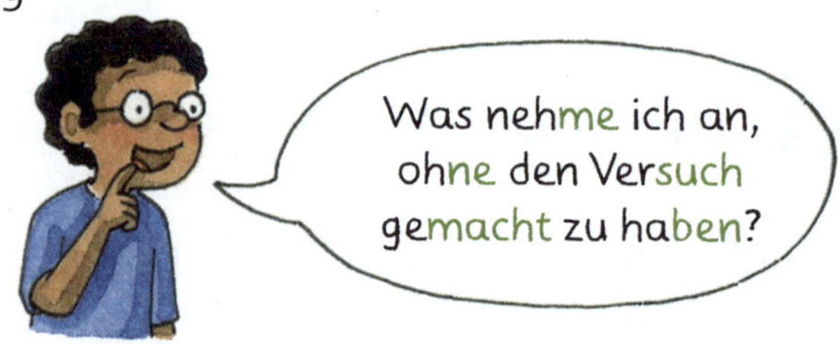

○ während des Versuches die Durchführung und dann die Beobachtung notieren

○ eventuell erklärende Zeichnungen ergänzen

○ falls nötig, Material ergänzen

○ eine Erklärung finden und notieren

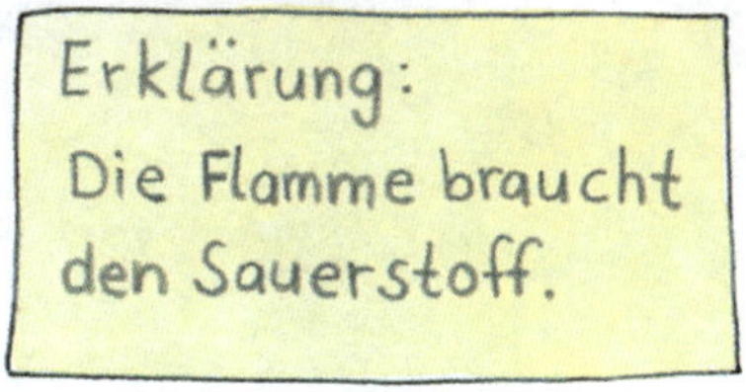

Was muss ich beachten?

- bei allen Versuchen Sicherheitsregeln beachten
- rechtzeitig die Beobachtungen notieren
- Versuchsprotokoll für Leser verständlich aufschreiben